事例研究

小さな企業の高付加価値化戦略

# サービス産業の革命児たち

―低生産性の呪縛に打ち克つ―

日本政策金融公庫総合研究所 編

# はしがき

完全雇用に近い水準まで労働力を取り込んでもなお、成長力が伸び悩む日本経済。潜在成長率はもはや0％近いともいわれている。こうした状況を打開するためには、個々の企業が商品やサービスの付加価値を高め、わが国全体の労働生産性を上げていく必要がある。

鍵を握るのは、サービス産業である。わが国の経済活動の重点は、第1次産業（農林水産業）から第2次産業（製造業）へ、そして現在は第3次産業（非製造業）へと移行している。わが国全体の労働生産性を上げていくためには、サービス産業の労働生産性向上が不可欠である。

もっとも、サービス産業は、製造業に比べて労働集約的な側面が強く、製造業のように機械化による効率化の推進やスケールメリットの追求が難しい。また、生産と消費が同時に行われるため、在庫を持つことができないなど、サービス産業ならではの難しさもあり、労働生産性は低くなりやすい。

ただ、サービス産業の労働生産性についてのデータをみると、製造業を上回る高い労働生産性をあげている企業もいる。同じように経営資源を投入しても、生み出せる付加価値は企業によって異なるのだろう。なかには、事業規模は小さくても自社ならではの付加価値を創造して、大企業をしのぐ高い収益性や生産性を誇る企業も存在する。

小さい企業が高い付加価値を生み出している背景には、何らかの秘訣があるはずである。それは、市場におけるポジショニングかもしれないし、ビジネスモデルかもしれない。日本政策金融公庫総合研究所は、こうした問題意識のもと、2017年度に事例調査を実施した。本書は、小所帯ながら、ほかに類のないサービスで労働生産性を高めている、いわば「サービス産業の革命児たち」の姿を描いたものである。

本書は2部構成である。第Ⅰ部では、データや既存研究からサービス産業の現状を整理したうえで、事例企業の取り組みを概説的に分析した。ここでは、「差別化」をキーワードに低生産性を解消するための三つの視点を提示した後、高付加価値を生み出すサービスが完成するまでの過程を「発見」「実現」「維持」のステップごとに分析した。第Ⅱ部の事例編では、12の企業事例をインタビュー形式で紹介している。取材と執筆は日本政策金融公庫総合研究所のスタッフが担当した。

本書で紹介する企業の取り組みは、既存の企業が考えもしなかったものだが、他方で顧客のニーズを丹念に拾い上げていこうとした結果にすぎないともいえる。だからこそ、高い付加価値を顧客に提示し、それに見合った対価を獲得することができている。こうした取り組みをまねすることは容易ではないが、事例企業の取り組みに学ぶことで、自社のサービスを高付加価値化に導く、何らかのインスピレーションが得られるはずである。本書がサービス産業の労働生産性向上に多少なりとも貢献できれば、幸いである。

最後に、ご多忙のなか、わたしどもの取材に快く応じ、貴重なお話を聞かせてくださった経営者の皆さまに、改めて心から御礼を申し上げる次第である。

２０１８年６月

日本政策金融公庫総合研究所

所長　武士俣　友生

目　次

## 第Ⅱ部 事例編

事例2　春夏秋冬成長する花火店　85
㈲ウスザワ（長野県上田市、花火、おもちゃの販売）

事例3　地域に人を呼び込むアウトドアベンチャー　97
㈱VILLAGE INC（静岡県下田市、キャンプ場の運営）

事例4　子どもの成長に寄り添う写真スタジオ　109
クッキーナッツ・スタジオ㈱（神奈川県川崎市、写真スタジオ）

事例5　とびきりのコーヒーを多くの家庭に届けるために　121
さかもとこーひー㈲（千葉県千葉市、コーヒー豆の販売）

事例6　ありそうでなかった運転手付きのトラックレンタル　133
㈱ハーツ（東京都品川区、運送業）

事例7　新潟の酒で特別なひとときを　145
㈱幻の酒（新潟県新潟市、酒小売）

事例8 上級者を味方につけネットショップをブランド化 157
(株)山谷産業（新潟県三条市、アウトドア用品、キッチン用品のネット販売）

事例9 甘い感動を分かち合う 169
(株)Lapin.doux（東京都世田谷区、デザート専門レストラン）

事例10 すべての人に翼を操る喜びを 181
(株)LUXURY FLIGHT（東京都大田区、フライトシミュレーター体験施設の運営）

事例11 車好きの心をくすぐり続ける独自のサービス 193
(株)ルーフコーポレーション（愛知県名古屋市、自動車の販売、アフターサービス）

事例12 たいやきの常識を打ち破る 205
(有)わらしべ（三重県伊勢市、たいやき店、フランチャイズ店の管理運営）

# 第 I 部

# 総論

## どのようなサービスが
## 高付加価値を生み出すのか

# 1 はじめに

第I部では、高付加価値を生み出すことで労働生産性を高め、サービス産業界で存在感を発揮している小さな企業の事例を分析する。労働生産性（以下、生産性という）とは、企業が生み出す付加価値額を従業者の数で除したもの、つまりその企業の労働力がいかに効率良く生産・販売を行っているかを示す指標である。

サービス産業に焦点を当てた背景には、わが国において進む経済のサービス化がある。詳しくは第2節で紹介するが、経済の発展に伴って活動の重点が第1次産業（農林水産業）、第2次産業（製造業）、そして第3次産業（非製造業）へ移行していく現象は、「ペティ＝クラークの法則」として知られている（クラーク、1940）。実際、わが国の経済指標をみると、サービス化の進展を確認できる。

他方、サービス産業は製造業に比べて生産性が低いといわれている。製造業は機械による労働力の代替や海外展開による成長市場への進出もサービス産業に比べて容易である。また、製造業では一般に生産量が増えると1ロット当たりの製造コストが下がる、つまり規模の経済性が働きやすい。このため、製造業の生産性はサービス産業に比べて高くなりやすい。製造業では、企業規模による生産性の格差も広がりやすく、大企業の生産性は中小企業よりも高い。その点、サービス産業は労働集約的な構造をもっており、企業規模による生産性格差は製造業ほど大きくない。これは言い換えれば、規模が小さな企業であっても大企業を凌駕する生産性をあげられる可能性がある、ということになる。

サービス産業のなかで高い生産性を実現している企業には、どのような特徴があるのか。日本政策金融公庫総合研究所（以下、当研究所という）はこうした問題意識から、2017年度に事例調査を実施した。

調査対象企業の選定に当たってはまず、サービス産業を定義する必要があるわけだが、これには一般に統一された明確な定義がない。例えば、総務省が実施している「サービス産業動向調査」の調査対象業種は「情報通信業」「運輸業、郵便業」「不動産業、物品賃貸業」「学術研究、専門・技術サービス業」「宿泊業、飲食サービス業」「教育、学習支援業」「医療・福祉」「サービス業」である。公益財団法人日本生産性本部が運営する「サービス産業生産性協議会」の表彰事業「ハイ・サービス日本300選」が対象とするサービス産業は、「流通（卸小売）」「物流」「医療・保険」「通信・放送」「運輸」「金融保険」「対個人サービス

（飲食店、旅館その他宿泊所等）」「対事業所サービス（情報サービス、物品賃貸業等）」である。２００７年に経済産業省が「サービス産業生産性協議会」を立ち上げるのに当たってまとめた基本構想「サービス産業におけるイノベーションと生産性向上に向けて」は、広義のサービス産業と狭義のサービス産業の存在を指摘する。広義のサービス産業はいわゆる第３次産業で、第１次、第２次産業以外の幅広い業種がサービス産業になる。狭義のサービス産業は「対個人サービス業」や「対事業所サービス業」を指すことが多いとしている。本書の調査では、経済産業省がいうこの広義のサービス産業を定義として採用した。事例企業12社の内訳は、「卸売業、小売業」が6社、「宿泊業、飲食サービス業」が2社、「生活関連サービス業、娯楽業」が2社、「運輸業」と「サービス業（他に分類されないもの）」がそれぞれ1社である。

さらに本書の事例調査では、次の二つの条件を満たす企業を対象とした。第1は、従業者数（代表者、常勤役員を含む正社員、パート、アルバイトなど非正社員の合計）が20人以下の小さな企業であることだ。本書がこうした企業を対象としたのは、サービス産業の生産性に関する過去の研究で、従業者20人以下の小規模な企業にことさらスポットを当てたものは、ほとんどないからである。

本節の冒頭で、非製造業は製造業に比べて規模の経済性が働きにくい点を指摘したが、そもそも小さな企業は、業種を問わず規模の経済性がほとんど働かない。生産量や販売ロットが小さく、当然、従業員も少ない。活用できる経営資源はごく限られている。小さな企業が生産性を高めようとしても、資金制約に直面しやすいこともあって、機械設備やＩＴシステムを導入するインセンティブは起きにくい。そもそも機械設備やＩＴシステムは一定以上の企業規模があってこそ機能するものである。さらにいえば小さな企業は大企業に比べて財務諸表が未整備であることが多く、生産性を測りにくい。そのため研究対象になりにくい。そういう意味で、未開拓の領域なのである。

第2の条件は、高付加価値を生み出していることだ。実は、規模の経済性が働きにくい小さな企業のなかにも、高い生産性を誇る企業は存在する。本書では、従業者1人当たり売上高と売上高総利益率に注目する。この二つの指標のどちらかが業界平均値を上回っている企業を、高付加価値を生み出している企業と考えることにする。前者は文字どおり従業者一人ひとりの稼ぐ力を示す指標である。後者はいわゆる粗利を売上高で除して求められる指標であり、これが高いほど収益力が高いといえる。財務省「法人企業統計調査」では営業利益に人件費（役員と従業員の給与・賞与に福利厚生費を加えたもの）と支払利息、動産・不動産

図－1　高付加価値企業のポジショニング

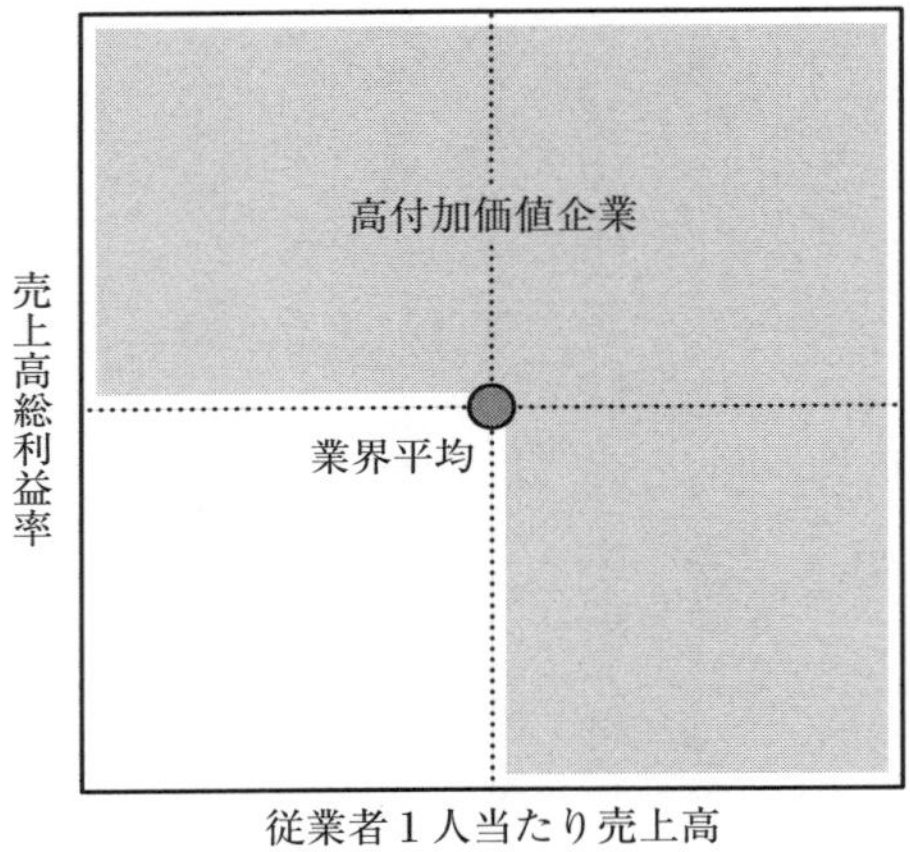


資料：筆者作成

賃借料、租税公課を加えたものを、生産性の分子である付加価値額と定義している。本来であれば、ここに掲げられている指標を丹念にみていくべきかもしれないが、本書の目的は、付加価値額の計算そのものよりも、高付加価値を生み出す秘訣を企業事例から探ることにある。そのため本書の調査では、事例研究の対象を広範囲に探す意図もあって、より簡便に高付加価値企業を定義することとした。

従業者1人当たりの粗利は従業者1人当たり売上高と売上高総利益率の積で示すことができる。そこで、従業者1人当たり売上高を横軸、売上高総利益率を縦軸にとると図—1のようなボックス図を描くことができる。さらに横軸と縦軸に業界平均値を置いて垂直水平に2本の線を引くと、業界平均値を中心とした4象限ができる。右上にある第1象限は、従業者1人当たり売上高と売上高総利益率がともに業界平均値を上回っているゾーンである。左上の第2象限は、従業者1人当たり売上高は業界平均を下回るが、売上高総利益率は業界平均を上回っているゾーンである。反対に右下の第4象限は、従業者1人当たり売上高は業界平均より高く、売上高総利益率は業界平均を下回っているゾーンである。そして左下の第3象限は、従業者1人当たり売上高も売上高総利益率も業界平均を下回っているゾーンになる。本書で紹介するのは、第1、2、4象限のいずれかのゾーン（網掛け部分）に属している企業ということになる（詳しくは第Ⅱ部にある、各企業のプロフィールをご覧いただきたい）。

比較対象となる業界平均値は、当研究所が実施している「小企業の経営指標・2015年度調査」のデータを採用した（日本政策金融公庫総合研究所、2016）。この調査は、日本政策金融公庫国民生活事業の取引先の財務データを活用して、売上高や利益率などの平均値を業種別や従業者規模別に算出したものである。これを参照すれば、小企業の平均的な姿をとらえることができる。調査対象は、2015年度に日本政策金融公庫国民生活事業が融資を行った、従業者数50人未満の法人企業である。個人事業主は調査対象に含まれていない。またここでの従業者数にはパートやアルバイトの人数を含んでいない。このため、第Ⅱ部に掲載している事例企業の従業者1人当たり売上高は、パート・アルバイトの数を含めずに計算している。

これらの条件を満たす企業12社に対して当研究所のスタッフがヒアリングを行い、高付加価値を生み出す秘訣を探った。第Ⅰ部は、この事例調査全体を概説的に分析したものである。構成は以下のとおりである。次の第2節では、統計データからサービス産業の現状を整理する。第3節では、サービス産業の生産性が低い理由を考える。第4節では事例を交えながら、低生産性を解消するための三つの視点を提示する。第5節では、高付加価値を生み出すサービスが完成するまでの過程を「発見」「実現」「維持」のステップごとに分析する。第6節はまとめである。

## 2 データでみるサービス産業

本節では、政府統計や先行研究などから、サービス産業の現状を整理する。

第1節では、経済の発展に伴って、活動の重点が第1次産業（農林水産業）、第2次産業（製造業）、そして第3次産業（非製造業）へ移行する「ペティ＝クラークの法則」を紹介した。わが国でもこの法則が当てはまっているのかどうか、名目国内総生産と事業所数から確認しておきたい。

まず名目国内総生産の産業別構成比（「公務」や「輸入品に課される税・関税」「統計上の不突合」を除く）をみてみよう。１９８０年には、第1次産業が３・８パーセント、第2次産業が39・５パーセント、第３次産業が56・７パーセントを占めていた（図―２）。時間が経過するにつれて、第1次産業の割合は低下し、２０１５年になると１・２パーセントとなる。同じく第2次産業の割合も徐々に低下していく傾向がみてとれる。グラフにある35年間で11・６ポイントも減っている。反対に、第3次産業は２０１５年に70・９パーセントと35年で14・２ポイント上昇し、存在感が高まっている。

次に事業所数の推移をみてみよう。１９８１年の事業所数（「公務」を除く、以下同じ）は６４８・８万であった。

１９９１年に６７５・４万まで増えた後は減少傾向で、２０１４年には３８４・０万まで減少する。事業所数の産業別構成比をみると、第1次産業は一貫して０・５パーセント

**図－2　名目国内総生産の産業別構成比**

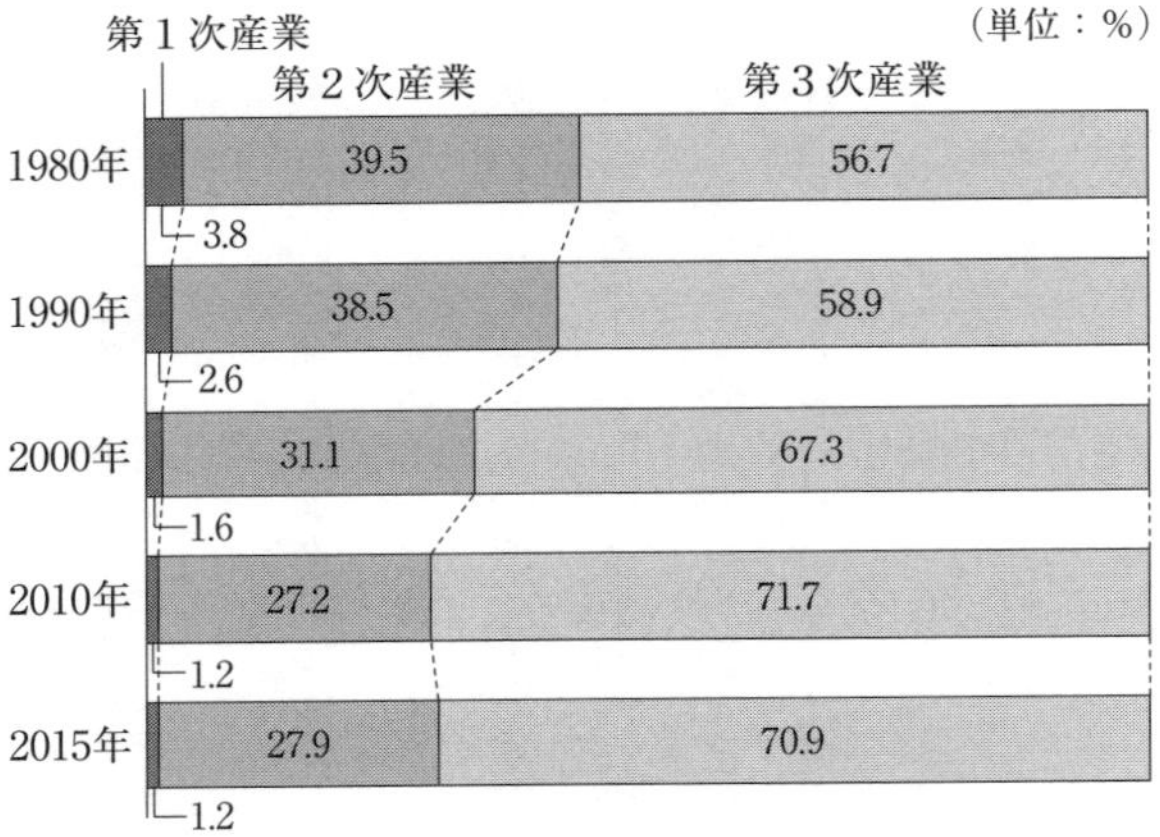


資料：内閣府「国民経済計算年報」

（注）1　1980年と1990年は1995年基準・93SNA、それ以降は2011年基準・08SNAのデータである。

2　第1次産業は「農林水産業」、第2次産業は「鉱業」「製造業」「建設業」、第3次産業は「電気・ガス・水道・廃棄物処理業」「卸売・小売業」「運輸・郵便業」「宿泊・飲食サービス業」「情報通信業」「教育」「保健衛生・社会事業」「その他サービス」の合計である。

3　構成比は「公務」「輸入品に課される税・関税」「統計上の不突合」を除いて算出している。

程度、第2次産業は20パーセントから22パーセント、第3次産業は76パーセントから80パーセントの間で推移している（図—3）。これらのデータは、ペティ＝クラークの法則を裏付けるものであり、わが国の経済活動の主役はすでに第3次産業に移行したといってよいだろう。

ただ、サービス産業の生産性は製造業に比べて低い。図—4は2014年のデータを使って、業種別・企業規模別に生産性をみたものである。

**図－3　事業所数の産業別構成比**

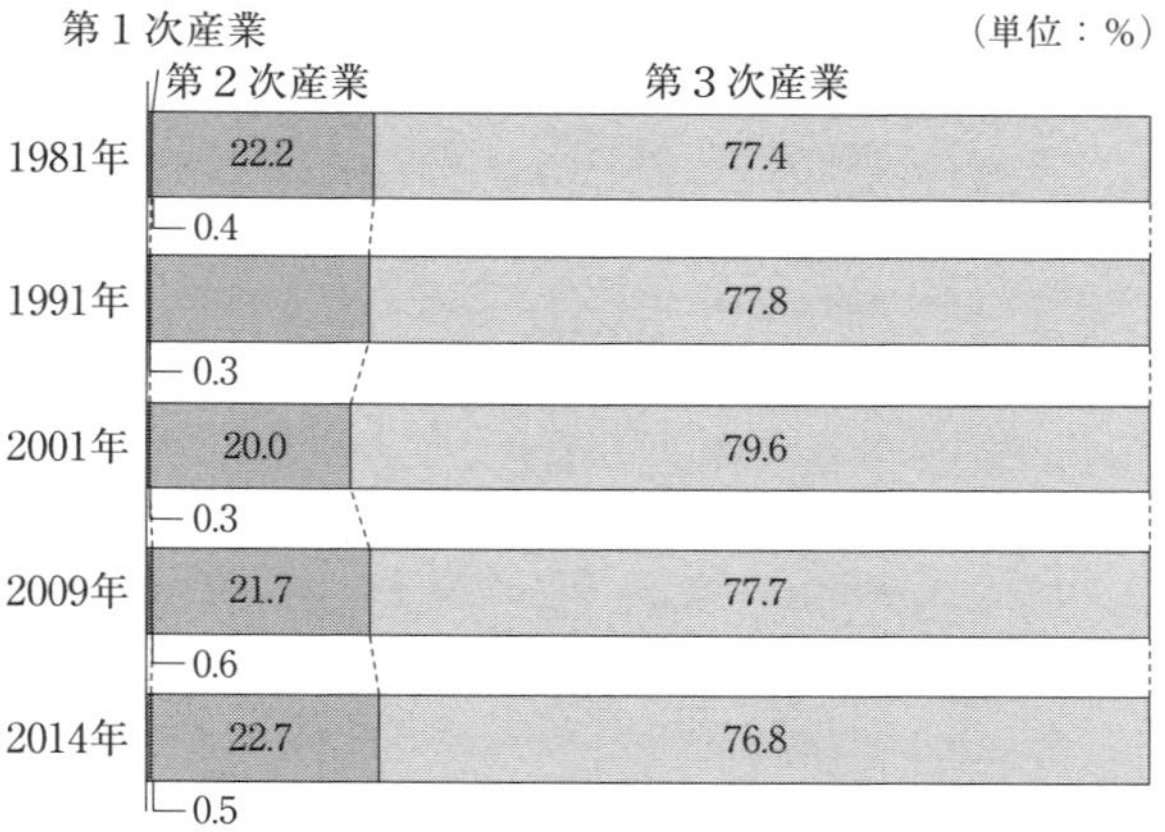


資料：総務省「事業所・企業統計調査」「経済センサス―基礎調査」、経済産業省「経済センサス―活動調査」

（注）1　第1次産業は「農林水産業」、第2次産業は「鉱業」「製造業」「建設業」、第3次産業は「電気・ガス・熱供給・水道業」「運輸・通信業」「卸売業・小売業」「金融・保険業」「不動産業」「サービス業」の合計である。

2　2001年までは総務省「事業所・企業統計調査」から作成。2009年からは総務省「経済センサス―基礎調査」と総務省・経済産業省「経済センサス―活動調査」を再編加工した地域経済分析システム（RESAS）を参照した。

まず業種別にみると、生産性が高いのは大企業、中小企業ともに「不動産業、物品賃貸業」「情報通信業」「学術研究、専門・技術サービス業」「製造業」などである。反対に低いのは「宿泊業、飲食サービス業」「医療、福祉」「サービス業（他に分類されないもの）」などである。

「不動産業、物品賃貸業」や「製造業」の生産性が高いのは、資本集約的な産業であり、規模の経済性が働きやすいためと考えられる。そのた

**図－4　企業規模別にみた労働生産性**

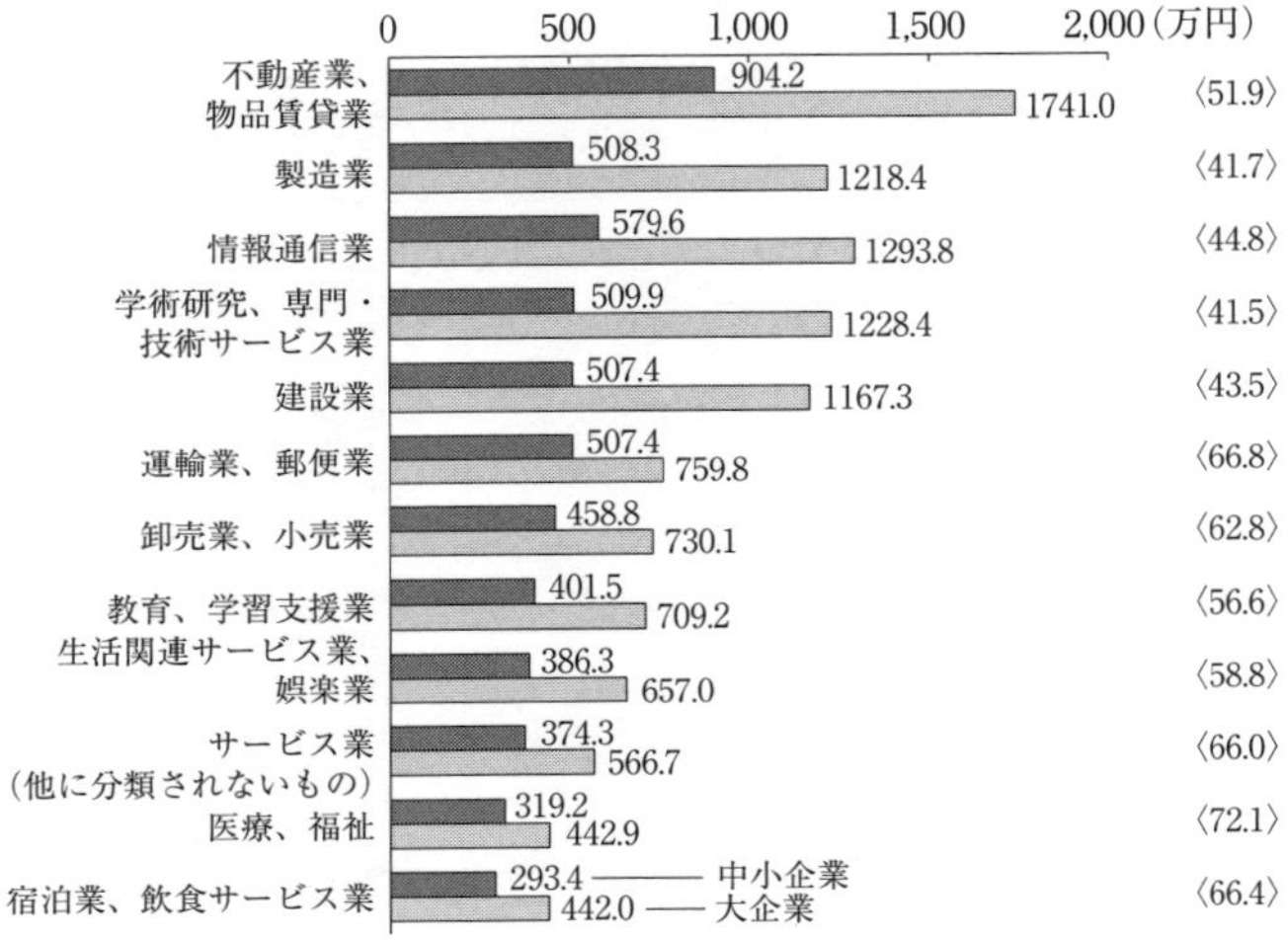


出所：中小企業庁『2016年版中小企業白書』

資料：財務省「平成26年度法人企業統計年報」、総務省「平成26年経済センサス―基礎調査」

（注）1　中小企業の定義は中小企業白書に基づく。

2　労働生産性は付加価値額（営業利益＋役員と従業員の給与・賞与＋動産・不動産賃借料＋租税公課）/総従業者数。

3　〈　〉内は大企業を100としたときの中小企業の水準。

め、これらの業種の生産性は企業規模間格差が大きい。例えば「製造業」をみると、中小企業の生産性は大企業の41・7パーセントにとどまっている。

他方、サービス産業は労働集約的であることから、生産性の水準は低いものの企業規模間の格差は「不動産業、物品賃貸業」や「製造業」ほど大きくない。最も企業規模間格差が小さいのは「医療、福祉」で、中小企業の生産性は大企業の72・1パーセントである。これは製造業に比べると30・4ポイント高い。また、「運輸業、郵便業」「宿泊業、飲食サービス業」もそれぞれ66・8パーセント、66・4パーセントとなっており、製造業ほど企業規模間格差が大きくないことがわかる。

さらに中小企業庁（2016）は、大企業を上回るような高い収益性や生産性を誇る小企業も存在することを指摘している。すなわち、製造業と非製造業に分けて生産性の分布をみると、製造業では中小企業のほうが大企業よりも全体的に生産性が低い水準に分布しているが、非製造業では下位30パーセントまでは大企業のほうが中小企業よりも低い水準に分布している（図―5）。また、大企業の平均値を上回った企業の割合は、製造業では約1割にとどまるのに対し、非製造業では約3割に上っている。規模の小さな企業のなかにも高生産性企業があるというわけだ。

この点について、サービス産業にとって追い風といえるデータをもう一つ紹介したい。図―6は総務省「家計調査」から、二人以上の世帯（農林漁家世帯を除く）の一世帯当たり支出の構成比をみたものである。1980年は「財（商品）」が67・3パーセント、「サービス」が32・7パーセントであったが、時代が経過するとともに「サービス」の割合が高まっていることがわかる。2015年には「財（商品）」が57・6パーセント、「サービス」が

**図－５　労働生産性の累積分布**

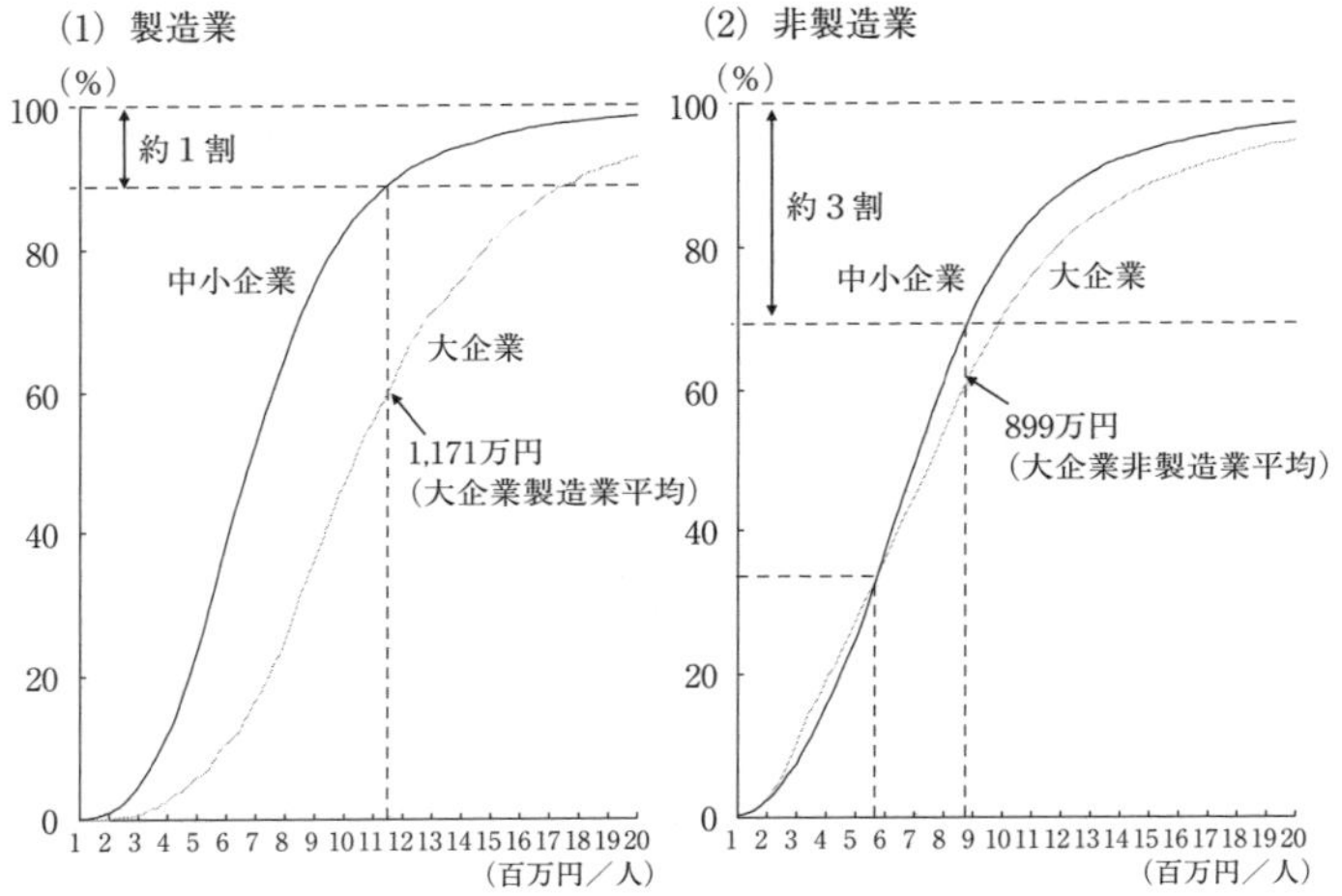


出所：中小企業庁『2016年版中小企業白書』
資料：経済産業省「平成26年企業活動基本調査」
（注）１　図－４（注）１、２に同じ。ただし、ここでは従業員数50人未満の会社と、資本金または出資金が3,000万円未満の会社は含まれていない。
２　労働生産性（従業員１人当たり付加価値額）の分布を10万円ごとに集計し、累積を計上している。

42・4パーセントとなっている。このデータを受けて消費者庁（2016）は、経済のサービス化が進むなかで、家計におけるサービス支出はますます重要性を高めていると分析する。いわゆる「モノ」から「コト」への消費性向の変化は、サービス産業を営む事業者にとって、大きなチャンスといえる。

本節では、経済活動のサービス化の進展をマクロ経済データから確認した。また、サービス産業の生産性は製造業に比べて低いこと、ただし、企業規模別

### 図－６　財（商品）支出とサービス支出の内訳の推移

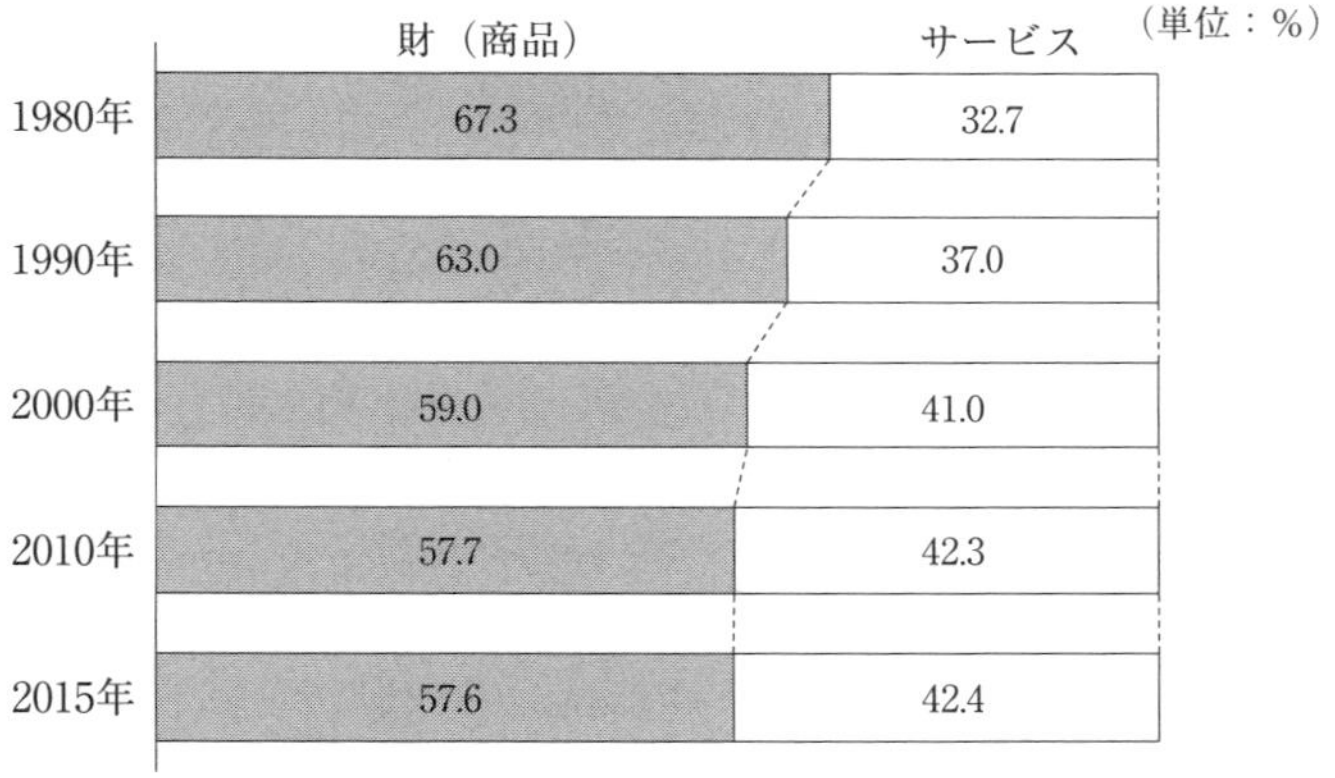


出所：消費者庁『平成 28 年版消費者白書』
資料：総務省「家計調査」
（注）１　２人以上の世帯（農林漁家世帯を除く）の１世帯当たり支出の構成比。
（注）２　財（商品）への支出：「食料」「光熱・水道」「自動車関係」「被服および履物」「教養娯楽」「家具・家事用品」「保健医療」「その他」のうち財（商品）の購入にかかった費用。
サービスへの支出：「教養娯楽」「住居」「外食」「通信」「教育」「自動車関係」「保健医療」「交通」「その他」のうちサービスの購入にかかった費用。ただし、「こづかい」「贈与金」「他の交際費」「仕送り金」は除く。

にみたサービス産業の生産性は、製造業ほど格差が広がっておらず、むしろ小さな企業のなかにも高い生産性を実現している企業が存在することを指摘した。こうした企業における高い生産性は、偶然の産物ではなく、何らかのメカニズムがあるはずである。

　そこで生産性の高い企業のメカニズムを解き明かす前に、次節では、サービス産業の生産性が低い理由を考えていくことにしたい。

## 3 サービス産業の生産性が低い理由

まずは、なぜ業界や業種ごとに生産性や収益性といった経営指標が異なるのかを考えていく。本書で論じる生産性とは、労働投入量1単位当たりの付加価値額、つまり労働生産性である。労働投入量は従業者数（マンパワー）、付加価値額は粗利（売上高総利益）と考えると、従業者1人が生み出す粗利が大きければ大きいほど、その企業の生産性は高いといえる。

どの企業も前掲図―1に示した第1象限を目指したいところだが、必ずしも容易なことではない。業界によって標準的なコスト構造や取引条件があるからだ。例えば飲食店の場合、原価率の業界標準は3割といわれている。各企業はこの業界標準を基にして収益計画を立てる。計画達成に必要となる店舗面積、用意すべきテーブルや椅子の数、そして目標稼働率などが自ずと決まってくる。取引条件の例としては、小売業がわかりやすい。小売業の場合、取り扱う商品によって仕入価格、つまり原価率がおおよそ決まっている。同じような商品を、他社よりも高い価格で売ろうとすれば、顧客はより安い価格を提示している企業に流れてしまう。一方で、同じような原材料を、他社よりも安く仕入れようと交渉しても、取引先は簡単に「うん」と言ってくれない。こうした理由から、商品によって従業者1人当たり売上高や原価率は似たような水準に収束してしまうわけだ。生産性の向上が簡単でない理由はここにある。なお、ボックス図の中心点に当たる業界平均値は業界によって異なる。つまり、各象限の大きさは業界によって違う。

さらにサービス産業には業界ならではの四つの特性にも留意しなければならない。「無形性」「同時性」「消滅性」「異質性」である（内藤、2010）。これらの特性は、サービス産業の高付加価値化を阻む要因といってよいかもしれない。順にみていこう。

### (1) 無形性

サービスには目に見える形がないため、購入前にサービスを試すことができない。これが一つ目の特性「無形性」である。マッサージを受けるケースを考えてみよう。マッサージを受ける方法は大きく二つある。一つはマッサージチェアを使うことである。家電量販店にはたくさんの商品が並んでいるので、1台ずつ使い心地を試していけば、自分が求める品質を満たすチェアを購入できる。もう一つの方法はマッサージ店に行くことである。この場合、お店でお金を払うことでマッサージを受けるわけだが、サービスを受けるまで施術者の腕の良しあしを知ることはできない。

無形性の問題は、価格設定を難しくする。サービスの提供側はできるだけ高い価格を付けたいところだが、価格に見合った品質を形で示すことができないからだ。

### (2) 同時性

二つ目はサービスの生産と消費が同時に行われる「同時性」である。同時とは時間に加え、同じ空間でサービスが行われることを示している。先の例でいえば、マッサージチェアの生産者と消費者は同じ時間、同じ空間にいる必要がない。他方、マッサージ店の場合は、施術者と消費者が同じ時間、同じ空間にいることで初めてサービスが成立する。

同時性は稼働率の問題に直結する。マッサージ店は、施術師が店にいることで営業が可能になるが、顧客が来店しない限り売り上げは発生しない。施術師が待機している間も人件費や店舗の家賃、光熱費といった経費は発生するから、稼働率を高めない限り、利益を増やすことはできない。

### (3) 消滅性

同時性に近い概念ともいえるのが、サービスを在庫として保管できない「消滅性」である。マッサージ店のサービスは「同時性」によって成り立つのだから、サービスをあらかじめ用意できないことはいうまでもないだろう。

このため、消滅性は需要変動への対応を難しくする。その典型例は季節性である。仮にマッサージ店がスキー場のロッジのなかにあったらどうだろうか。スキー客が訪れる冬場であれば、多くの来客が見込めるため、サービスの供給限界まで稼働して売り上げを増やせるだろう。ところが、暖冬で雪が降らない場合はスキー客が減るし、そもそも夏場はスキー客がいないため、どこかで別の需要を獲得しない限り、年間を通じたこのマッサージ店の売り上げは、季節性の影響を受けにくい地域にある店よりも低くなる可能性が高い。その結果、生産性は低くなる。

このほか、日本特有の文化や行事による需要変動もある。七五三や成人式の前後に来客が殺到する理美容店や写真店などはこれに当たる。

## (4)　異質性

先のマッサージ店や理美容店などでいえば、書き入れ時に限って従業員を増やすことで消滅性に対応ができる可能性がある。だが、これを困難にするのが四つ目の特性である「異質性」だ。これは、サービスを提供する人によって品質が変わることを示している。サービスの品質は提供者によって異なる。

マッサージ店の場合、経験豊富な人はそうでない人に比べてツボを見つけるのが早かったり、力加減が絶妙だったりするかもしれない。だが、繁忙期だけ一時的に従業員を雇おうとしても、一定の技術水準を満たす人材を獲得できる可能性は低い。経験豊富な人材はすでに別の企業で定職を得ていることが多いからだ。一時的に人員を手当てしようとしても、結果として企業全体のサービス水準の低下につながるため、時機に見合った人員の手当てが難しくなっているのである。

ここで注意したいのは異質性の比較対象だ。サービス産業の特性の文脈で語られる異質性は、企業内部でのことを指すことが多い。したがって、スタッフ間のサービス水準は極力近付けたいところである。他方、同業他社と比較した場合の異質性もある。これは独自性や新規性と言い換えてもよいだろう。サービス産業に限らず中小企業にとって、独自性が大きな武器になることは、昨年度の経営工夫事例集で指摘したとおりである（日本政策金融公庫総合研究所、２０１７）。社内の異質性を排除しようとした結果、業界内での独自性まで失うようなことは避けなければならない。

本節では、サービス産業の生産性がなぜ低いのかについて考えてきた。生産性を上げるためには、従業者１人当たり売上高や売上高総利益率を高めていく必要があるわけだが、業界ごとに固有のコスト構造や特性があるため、収益性など各種指標は一定水準に収束してしまう。

そしてサービス産業には四つの特性がある点にも留意する必要がある。これらの特性は生産性の低下圧力になりやすい。サービス産業が生産性を高めていくためには、各企業がこれらの特性による呪縛から逃れるための方策も考える必要がある。

では、今回調査させていただいた企業はどこに着目して売上高や売上高総利益率を向上させ、生産性を高めてきたのだろうか。次節からは、企業事例をみながら、その秘訣に迫っていきたい。

## 4 高付加価値を生み出す三つの視点

どのようにすれば高付加価値を生み出し、生産性を高められるのか。原価にせよ、人件費にせよ、経費を削るのは容易ではない。支払うべき相手がいるからだ。ITシステムを活用して業務プロセスを効率化する方法も考えられるが、小さな企業がIT投資を進めたとしても、これに見合ったリターンを得られるとは言い切れない。ITシステムは、企業規模がある程度の大きさだからこそ、機能するからだ。だとすれば、商品やサービスの単価を上げるか販売数量を増やすことによって、従業者1人当たり売上高や売上高総利益率を高めていくことが、現実的なやり方といえるだろう。正攻法ともいえるこれらの取り組みだが、他社と同じことをしていては、当然ながら業界標準を上回ることはできない。成功につなげるためには独自の工夫による差別化が欠かせない。

事例企業の取り組みを整理したところ、「商品・サービスの内容」「市場」「プロセス」を切り口に独自性を見出すことで単価や販売数量を引き上げ、売上高や売上高総利益率を向上させていることがわかった。

### (1) 商品・サービスの内容を差別化する

一つ目の切り口は、商品・サービスの内容を差別化して単価や販売数量のアップを狙う方法である。事例企業のなかには、他社にはないニッチな商品を販売したり、オリジナルサービスを展開したりして、差別化を図っているケースが多くみられた。代表例として、自動車のカスタマイズ市場において異彩を放っている企業を紹介したい。

**㈱ルーフコーポレーション（愛知県名古屋市、片岡孝裕社長、従業者数20人、事例11）**は、自動車のカスタマイズを手がけている。ホイールやエアロパーツなどで車を格好良く改造するサービスだ。特に人気なのがコンプリートカーの販売サービスだ。これは、あらかじめ顧客の要望を聞き、同社が新車を調達、カスタマイズを施したうえで販売するものだ。車のカスタマイズは車を購入した後に、少しずつ改造を重ねていくのが一般的だが、このサービスを利用すれば、乗り出しのときから自分の個性を表現した一台に乗れる。しかも車両価格と改造価格をセットにしてローンを組めるため、通常よりも購入時の支払額を抑えられる。

社長の片岡孝裕さんが「初めからコンプリートカーを選ぶ人は、車を購入する100人に

1人もいない」と語るように、非常にニッチな分野である。その半面、販売側にしてみれば、嗜好性が高く定価がない品だけに、単価アップを図れる。現在の事業をさらに成長させるため、片岡さんは二つの戦略を採った。

一つは、燃費の良さが売りのエコカーに目を付けたことだ。改造部品を付けると車体が重くなり燃費は悪くなるため、エコカーを改造しようと考える同業者はいなかった。そこで片岡さんは軽量化した部品を独自に企画して「KUHL RACING《クールレーシング》」という自社ブランドを立ち上げた。これにより燃費と格好良さを両取りできるエコカーのカスタマイズサービスをつくったのである。この結果、コストパフォーマンスの悪さからエコカーのカスタマイズをあきらめていた人たちのニーズを取り込むことに成功した。ニッチな市場にあって、片岡さんの会社は販売数量を増やしたのである。

もう一つは、同社の顧客を対象にしたイベント「KUHLミーティング」だ。会場である三重県の鈴鹿ツインサーキットには、顧客が自慢の愛車とともに集まる。そこでは愛車を運転してサーキットを走る企画や、プロドライバーによるドリフトの体験会などを開催する。顧客同士の交流を促す企画なのだが、参加者はほかのオーナーの車を目の当たりにすることで、自然と次の購買意欲がかき立てられる。

片岡さんはほかの自動車販売店が手を出さなかったエコカーのカスタマイズサービスで差別化を図り、ニッチな市場を深掘りした。しかも、車の購入段階から顧客のニーズを引き出し、希望に沿ったパーツを組み上げていくことで、無段階に付加価値を上乗せしている。それでも、パーツを後付けするよりも割安なので、顧客の納得感は高い。また、サーキット場を借り切って開催する年に一度のイベントは、同社オリジナルのサービスだ。これにより顧客満足度を高めるとともに、追加の改造需要を喚起できている。たんに部品を販売するのではなく、あえて「同時性」を付加することで、独自性が際立つ。有形無形を組み合わせたサービスによって、顧客を囲い込んでいるわけだ。これにより単価と販売数量の増加を実現しているのである。

### (2) 市場を差別化する

二つ目の切り口は、市場を差別化することで単価や販売数量のアップを狙う方法である。同じような商品・サービスを提供する場合であっても、相手によって価値の感じ方は異なる。より高い価値を見出してくれそうな相手にターゲットを絞って高単価を実現したり、これまで他社が見向きもしてこなかった相手に対してアプローチすることで、需要の波を平準化したりすることが可能になる。

**㈱幻の酒（新潟県新潟市、松本伸一社長、従業者数9人、事例7）**は、インターネット上で新潟県産の地酒を販売している。「幻の酒 地酒専門店」と「幻の酒 楽天市場店」の2サイトは、新潟県産の地酒のなかでも特に手に入りにくい純米酒や吟醸酒に特化した商品構成が特徴である。商品の平均単価は四合瓶当たり約6000円と高額だが、商品の希少性を武器に全国の日本酒愛飲家を喜ばせてきた。だが、こうした人たちは全国の酒を順々に買い求めるため新潟の酒を再購入するまでの期間が長く、売り上げは頭打ちになってしまっていた。

社長の松本伸一さんが打開策として目を付けたのが、普段は日本酒を飲まない人だった。自分で飲むためではなく、ギフトとして買ってもらおうと考えたのである。ただ、日本酒を飲まない人には、中身の希少性をアピールするだけではその価値がうまく伝わらない。そこで松本さんは、酒瓶の色やラベルのデザインを購入者が自由に決められる、日本酒のカスタムメードサービスを考案した。贈る相手の名前やメッセージをラベルに書き込めば、誰でもオンリーワンのギフトを用意できる。

2007年9月に「還暦祝い館」と「結婚・ブライダル館」の2サイトを新設して「記念日名入れ酒」と銘打ったサービスを開始すると、すぐにネット上で話題になった。記念日名入れ酒の価格は８０００円台と、既存の地酒よりも高いにもかかわらず、７年間で４万本を販売する大ヒットとなった。自分で普段飲む酒は安いものでがまんしようと思うが、ギフトならば、多少高いくらいがちょうどよい。しかも、還暦、古希、喜寿とリピートする親子や、結婚式の引き出物として大量注文するカップル客を多く獲得できたのである。

酒好きな人の気をひこうとしている限り、どこまでいっても品質と価格のバランスは崩せない。酒を飲まない人に目を向けたとき、市場における新しい価値の均衡点がみえてくるのである。贈る場面を想定して練られたサービスは、消費者にとって同社で酒を買う大きな魅力となっている。単価と販売数量のアップで、業界平均を大きく上回る売上高と売上高総利益率を実現している事例である。

ここで、サービス産業の特性を思い出していただきたい。㈱幻の酒は日本酒小売店であるから、「同時性」「消滅性」「無形性」「異質性」は関係がなさそうに思える。他方、小売業や卸売業では、商品の同質性が高い、つまり商品での差別化が図りにくいため、価格競争が起きやすい業種である。これに対して松本さんはサービス産業の特性をあえてもち込むことによって価格競争を回避している。カスタムメードは言い換えれば、顧客ごとに違う商品を用意することである。つまりサービスの品質が一定でない「異質性」を逆手にとって、相手によってサービスを変えているわけだ。小売業や卸売業でもサービス産業の特性をうまく生かす逆転の発想で、差別化が可能になるのである。

### (3) プロセスを差別化する

そして三つ目の切り口は、プロセスを差別化することで単価や販売数量のアップを狙う方法だ。ここでいうプロセスには、サービスを提供するプロセスと、サービスの対価の受け取るプロセスの二つがある。まずは、斬新な提供プロセスで高付加価値化を実現している企業を紹介したい。

**㈱Lapin《ラバン》・doux《ドゥ》（東京都世田谷区、吉崎大助社長、従業者数1人、事例9）** は、閑静な住宅街に店を構えるレストランである。店名のdessert《デセール》 le《ル》 contoir《コントワール》は、カウンターのデザートという意味のフランス語だ。その名のとおり、吉崎大助さんの店は西洋デザートに特化したレストランである。基本メニューは7皿で構成されるフルコース1本で、価格は7500円である。このほか、年に4回、パフェ会と名付けて季節限定のメニューを提供する日を設けている。こちらは、季節のフルーツをふんだんに使ったパフェに焼菓子とドリンクが付いて、5000円である。

メニュー構成もさることながら、ひときわ斬新なのが、飲食スタイルだ。店内にはカウンター席が六つあり、吉崎さんが客の目の前で調理する。デザートを美しく盛り付けていく過程を間近で楽しめることは、他店にはない大きな特徴である。

吉崎さんは店をオープンする前、一流ホテルのなかにあるフランス料理店のパティシエとして働いていた。その仕事内容には満足していたが、大店舗であったため厨房とホールが離れており、来店客の反応を見られないことが、唯一の不満だった。自分の一皿で客に感動を提供し、その瞬間を分かち合いたい。こう考えた吉崎さんは、すし店やバーにヒントを得て、客との距離が最も近い業態である、カウンター形式のデザートレストランを開いたのである。

だが、斬新すぎたのか、開業後の半年間は開店休業状態が続いた。転機は、地元のタウン誌の取材を受けたことだ。目の前で美しいデザートを仕上げるスタイルは、お金を払ってでもわざわざ経験するだけの価値があると評価されたのである。すると、男女を問わず、流行に敏感な客が訪れるようになった。見栄えの良さから料理や調理の様子を写真に撮影してSNSに投稿する人も多く、これを見た客が来店する。まさに客が客を呼ぶ状況となった。

ただ、新規の来店客が増えてくるなかで、課題も出てきた。一つは予約のキャンセルだ。

食材には保存の利かないものが多く、キャンセルが出ると食品ロスが発生し、収益を圧迫する。もう一つは、回転率の向上だ。料理が美しいこともあって、食事のペースはどうしてもゆっくりになる。だが、6席しかない吉崎さんの店では、回転率の低下は収益悪化に直結する。小さな店ならではの悩みである。

そこで吉崎さんは、二つの対策を打った。まずキャンセル対策として、品数を減らした低価格メニューを用意し、初来店の客はこちらを予約してもらうことにした。品数が少ないぶん、キャンセルの影響を抑えられる。ただ、低価格メニューを用意することはトータルでみた客単価の低下を意味する。そこで同時に、メインのコースメニューの皿数を増やして、価格を引き上げたのである。値上げが受け入れられるか吉崎さんは不安だったというが、常連客はむしろ、メニューの充実を好感してくれた。

フランス料理店では、シェフが厨房で料理をつくり、ホールスタッフが客に料理を運び、落ち着いた雰囲気のなかで食事するのが一般的であった。だが吉崎さんはこれに不満を抱き、料理の提供プロセスに臨場感をもち込んだ。これは生産と消費が同時に行われる「同時性」を最大限生かす戦略であった。回転率の向上については、メニューの一部をお土産に振り替えることで実現した。こうすれば店での滞在時間を短くできる。客にしてみれば家でも店の味を楽しめるので、むしろお得感が高まった。こちらは、「同時性」を切り離すことで客数を増やす戦略といえる。

一連の取り組みが奏功し、吉崎さんのお店は業界平均を大きく上回る売上高と売上高総利益率を達成している。また、販売単価や顧客満足度を維持しながら、提供プロセスを少しずつ改善している点も見逃せない。

続いて紹介するのは、対価の受け取りプロセスが特徴的な事例である。いくら優れた商品やサービスを提供しても、お金に換えられなければ生産性は向上しない。サービスの差別化を考えるに当たっては、どうやって対価を受け取るのかも考えていく必要がある。

**㈱ＶＩＬＬＡＧＥ ＩＮＣ（橋村和徳社長、静岡県下田市、従業者数15人、事例3）**は、伊豆半島の西伊豆町でキャンプ場を運営している。現在、町内2カ所にキャンプ場がある。通常、キャンプ場は交通アクセスの良いところに設けられることが多い。これがアピールポイントになり、施設の稼働率が高まるからだ。ところが、同社がキャンプ場を構えているのは、アクセスの悪さから誰も目を向けなかった遊休地だ。例えば同社の「ＡＱＵＡ　ＶＩＬＬＡＧＥ」は、近隣の田子漁港からモーターボートに乗らないとたどり着くことができない。三方を森で囲まれた海岸線の小さな平地である。水道やシャワー、トイレ、電源などのインフラは一通りそろっているが、さながら陸の孤島である。ただ、あらかじめ利用できる区画が定められている通常のキャンプ場と違い、他人の目を気にせず、自然を独り占めできる点は、他のキャンプ場にはない強みである。

同社はこの施設を1日1組限定で貸し出している。だが、この方法には解決すべき二つの問題点があった。一つは稼働率である。1組限定となれば、その日の売り上げはオールオアナッシングとなってしまう。もう一つは、料金設定である。稼働率が不安定になることを織り込もうとすれば、どうしても高くせざるをえない。しかしあまり高くしすぎると、相当な大人数でなければ割安に感じてもらえず、予約が入らない。そこでこの状況を打開するため、社長の橋村和徳さんは、区画当たりではなく、利用者1人当たりの料金設定をもち込むことにした。その価格は1万5000円である。

この料金体系でサービスを開始したところ、思惑どおり、利用者は順調に増えていった。ただ、想定よりも2人客の利用が多かったため、現在は6人から利用できるようにプランを見直している。また、予約も3カ月タームで受ける方法に見直した。例えば、10月から12月の利用であれば8月初旬に先行受付を開始し、予約が重複した場合は抽選で利用者を決定する。週末は常に予約でいっぱいで、特に夏場のハイシーズンには平日を含めて連日予約が入り、抽選倍率が50倍近くになることもあるという。一方、40人以上の団体利用を確約できる場合は、予約スケジュールにかかわらず、年間を通して先着順で予約を受けることにした。1組当たりの売り上げを高めるうまいアイデアである。

もし他社と同じように、キャンプ場内を区分けし、区画ごとの料金体系にしていたら、自然を独り占めできる魅力が半減してしまったかもしれない。橋村社長はこのジレンマを料金設定と予約方法で解決し、業界平均を凌駕する業績をあげることに成功したのである。

本節では「商品・サービスの内容」「市場」「プロセス」を差別化することで、単価や販売数量をアップして、従業者1人当たり売上高や売上高総利益率を高めている事例を紹介してきた。各社の取り組みを振り返ってみると、この三つの視点を組み合わせて差別化を実現している。例えば、自動車のカスタマイズで存在感を発揮している㈱ルーフコーポレーションは、エコカーにも使えるカスタマイズ部品を独自に企画したことが飛躍のきっかけになった。これは商品・サービスの内容の差別化に当たる。さらに、愛車でサーキット場を走れるイベントは顧客に新たな経験の場を提供するとともに、次の購買意欲をかき立てるサービスとして機能している。これによりニッチな市場を深掘りしているのである。新潟県産の地酒を販売する㈱幻の酒は、日本酒を売る段階において、カスタムメードサービスで商品・サービスの内容を差別化し、日本酒を飲まない人の市場に参入することに成功した。マーケティングの分野でも指摘されることだが、商品・サービスの内容と市場はセットで検討するべきだといえる。

またプロセスでは、サービスを提供するプロセスと、サービスの対価を受け取るプロセスを紹介した。㈱Ｌａｐｉｎ．ｄｏｕｘは、同じ飲食業のすし店やバーにヒントを得て、カウンター形式のデザート専門店という新業態を切り拓いた。またキャンセルの影響を抑えたり回転率を高めたりするために、メニューの見直しやお土産の導入など提供プロセスを工夫している。他方、キャンプ場を経営する㈱ＶＩＬＬＡＧＥ ＩＮＣは、ほかのキャンプ場にはない１人当たりの料金制度を導入する、つまり料金受け取りのプロセスを工夫することで、稼働率の低下リスクを抑えている。また、予約方法を見直して販売数量の大きい顧客を優先することで、売り上げの最大化を達成している。

ここまで、高付加価値を生み出して生産性向上を実現している企業の姿をみてきた。次に浮かぶ疑問は、なぜこのようなサービスを思いついたのか、どうやって実現にこぎ着けたのか、さらにどのようにしてサービスを維持しているか、といった点であろう。そこで次節では、高付加価値を生み出すサービスが完成するまでの過程をみていくことにしよう。

## 5 高付加価値を生み出すサービスが完成するまで

本節では、高付加価値を生み出すサービスの「発見」「実現」「維持」の3段階に分けて、事例を分析していく。

### (1) サービスの発見

第1の疑問は、どうやってサービスを発見したのかである。事例企業の取り組みを整理していくと、「経験を生かす」「趣味や興味を追求する」「他業界や海外企業の手法をアレンジする」といったキーワードが浮かび上がってくる。順にみていこう。

#### ① 経験を生かす

一つ目のキーワードは「経験を生かす」だ。例えば、日本酒ギフトを展開する㈱幻の酒がカスタムメードサービスを思いついたきっかけは、社長の松本さんの前職にある。松本さんは経営者に就任する前、ジャケットのオーダーメードなどを手がける紳士服販売店で働いていた。世界に一つしかない自分仕様の新しいジャケットに袖を通す顧客の表情を見ることが、何よりもやりがいだったという。このときの経験が日本酒のカスタムメードという、同業他社にはない新サービスにつながったのである。

ただ、経験は職業経験だけではない。特徴的な事例を挙げよう。

**さかもとこーひー㈲（坂本孝文社長、千葉県千葉市、従業者数5人、事例5）**は、千葉市内のニュータウン、おゆみ野のまち外れにあるコーヒー豆の小売店である。スペシャルティコーヒーといわれる、栽培の段階から適正に品質管理された高品質の豆だけを取り扱う。社長の坂本孝文さんが毎朝焙煎する豆で淹《い》れたコーヒーは、爽やかできれいな味わいが特徴である。だが、コーヒーは嗜好品であり、顧客の好みはまちまちである。他方で、コーヒーはコモディティ化が進む商品でもある。コンビニエンスストアでは100円程度の商品が売れている。こうしたなかで、同社は業界平均を超える売上高と売上高総利益率をあげている。この高い競争力の背景には、坂本さんの強い探究心とこれに基づく独自の経験がある。

坂本さんは若い頃から、時間があれば飲食業界の専門誌を読みあさり、お金があれば洋食でも和食でもジャンルを問わず、一流とされる店をとにかく食べ歩いて味覚を鍛えてきた。コーヒーには直接関係なさそうであっても、興味があればとことん追求するのが坂本流である。こうして坂本さんは食べ歩きの経験を重ね、コーヒーはもちろんのこと、幅広く飲食業界に関する情報を集めてきた。

坂本さんはこの探究の成果を店で開く「コーヒー教室」で惜しげもなく顧客に披露する。毎回約2時間、コーヒーにまつわる話をしながら数種類のコーヒーを淹れ、参加者が持ち寄ったお菓子とともに楽しむのである。参加費はなんと無料だ。

回を重ねるごとに参加者は増えていき、近所の小中学校や幼稚園の保護者会、公民館が主催する市民講座などに呼ばれて出前教室を開くようにもなった。坂本さんの話を聞いた人はコーヒーの世界の奥深さを知り、坂本さんの店に吸い寄せられていく。無料のコーヒー教室が販売数量を増やすきっかけになっているわけだ。

さらに坂本さんは季節に合わせて豆のブレンドを変えて、来店客をもてなす。そのネーミングもユニークで、「夏への扉」や「イルミネーションカフェ」など、季節を連想させる商品を期間限定で販売する。このように、いつ訪れても新しいコーヒーに出合える楽しみがあるから、顧客はつい足を運んでしまう。リピート率を高める工夫である。

同社が、ただ漫然とスペシャルティコーヒーを並べていても、多様な消費者のニーズをくみ取ることはできなかっただろう。坂本さんは商品の価値を試飲や多彩なエピソードとともに伝えることで、コーヒーを味わう経験価値を顧客に提供している。このコーヒー教室は、小売業に「同時性」の特性をあえてもち込む仕掛けといえるだろう。

### ② 趣味や興味を追求する

二つ目のキーワードは「趣味や興味を追求する」である。サービス産業に限らず、商売は消費者のニーズに応えることが基本である。だが消費者のニーズは多様化しており、すべてのニーズをとらえることは難しい。万遍なく対応しようとするとサービスの独自性が損なわれていく。結果、同業他社との競争材料は価格だけになり、販売数量を確保するために値下げに踏み切らざるをえなくなる。だが事例企業のなかには、経営者が趣味や興味を追求して新たな価値観を顧客に提示し、差別化の足掛かりとしているケースが複数あった。

**㈱LUXURY FLIGHT（岸田拓也社長、東京都大田区、従業者数7人、事例10）**は、フライトシミュレーターを体験できる施設だ。ここには、ボーイング737型機と747型機、そして小型プロペラ機のG58バロンの3台のシミュレーターがある。いずれも、航空会社の訓練施設で使われるものとほぼ同じ、本格的なものである。

利用料金は操縦する機材のサイズと飛行時間で決まる。例えばボーイング737型機を60分間利用すると、1万8360円かかる。これより小型のG58バロンは4割ほど安く、反対に大型のボーイング747型機は1割ほど高くなる。けっこうな額ではないだろうか。

それでも、同社には多くの利用者が訪れる。一番のボリュームゾーンは飛行機マニアだ。同社は、ボーイング747型機のシミュレーターを保有している国内唯一の施設ということもあって、全国から飛行機マニアがやってくる。

実は、社長の岸田拓也さんも飛行機マニアの一人だ。小学生の頃からパイロットに憧れ、段ボールの内側に絵を描いてコックピットをつくり、なかにこもって空を飛ぶ想像を膨らませていたそうだ。パイロットになる夢は叶わず、大手陸運会社に就職したが、休日は自宅のパソコンのシミュレーションソフトで世界中の空港間を飛び回っていた。

岸田さんがこの会社を立ち上げたのは、勤務先の同僚が相次いで退職して運送会社を起業する姿を目の当たりにしたからである。どうせ働くなら好きなことをしたい。こう考えた岸田さんは、長年の夢であった飛行機にかかわれる仕事として、フライトシミュレーターの運営施設をオープンしたのである。

飛行機への愛が随所にちりばめられたサービスは、マニア客の心をがっちりつかんだ。典型例が「ファーストオフィサーコース」である。これは、同社の施設で訓練を重ねて副操縦士や機長を目指す、「本気で遊ぶ」をコンセプトに掲げた独自の試験制度である。公的ライセンスではないとはいえ、その訓練カリキュラムや試験は、航空会社が実際に行うものに限りなく近い。とことんマニア心をくすぐるサービスである。合格を目指して足しげく通う顧客が何人もいる。

ファーストオフィサーコースの完成度を高めているのは、元パイロットのアルバイトスタッフ、メインの顧客である飛行機マニア、そして現役パイロットだ。実は、同店には現役パイロットが仕事の合間を縫って自主訓練に訪れる。岸田さんは彼らとの情報交換を通じてコース内容の細かな改善を繰り返してきた。この結果、本物の試験制度をきわめて忠実に再現できているのである。これは、他店にはまねできない独自のサービスといえる。

岸田さんのケースでは、幼い頃からパイロットに憧れ、飛行機に関する知識を積み重ねてきた経験が、独自性の高いサービスを生み出す原動力となった。結果、飛行機マニアにとどまらず現役パイロットまでもが同社の顧客となった。しかも、ファーストオフィサーコースは顧客のリピート化につながり、販売数量を高める効果がある。この結果、岸田さんの会社は業界平均を上回る売上高と売上高総利益率を実現しているのである。経営者自身が積み上げてきた唯一無二の経験は、大きな武器になることを教えてくれる事例である。

さらにもう一つ、生産性を高めるうえで注目したいのは、繁閑の波を平準化している点だ。同社の顧客は大きく飛行機マニアと現役パイロットに分かれている。前者の多くは休みの日に訪れる。他方、現役パイロットは主に平日にやってくる。異なる二つの顧客層を獲得したことで、平日と休日で変わらない稼働率を実現しているのである。

## ③　他業界や海外企業の手法をアレンジする

そして三つ目のキーワードは「他業界や海外企業の手法をアレンジする」である。先ほど紹介した㈱幻の酒は、紳士服業界では一般的なカスタムメードを日本酒販売に応用している。デザート専門レストランを営む㈱Ｌａｐｉｎ．ｄｏｕｘの吉崎さんは、すし店やバーに着想して、カウンタースタイルに行き着いた。このように自社のサービスを進化させるヒントは、至るところに存在している。

**㈱ハーツ（山口裕詮《ひろあき》社長、東京都品川区、従業者数15人、事例6）**は、トラックを運転手とともに貸し出し、荷物を指定の場所に運ぶサービス、「レントラ便」を展開する。レンタカーに運送サービスを組み合わせたサービスである。仕組みはこうだ。まず、顧客が依頼すると、トラックに乗った運転手が集荷に訪れる。集荷作業は運転手が手伝ってくれる。そして指定された場所まで荷物を運ぶ。積み下ろしの作業も運転手が手伝う。料金は、トラックの大きさと集荷から積み下ろしまでの時間、そして距離で決まる。基本走行距離は60キロメートルに設定してあり、これを超えたぶんだけ超過距離料金を支払う仕組みだ。例えば、基本走行距離以内で軽トラックを30分間利用した場合の料金は4390円である。

このサービスを考案したのは、社長の山口裕詮さんだ。山口さんは1993年、25歳のときにトラック1台で事業を開始した。大手物流会社の下請業者として、順調に業績を拡大していった。ところが、取引先が配送業務の内製化を進めたため受注が激減。倒産寸前まで追い込まれてしまったのである。

企業の下請けを続けていては会社の未来はない。こう考えた山口さんは、顧客から直接仕事を受注できる引越業界に参入した。だが、見積もりの依頼は来ても、結局は大手に取られてしまうことがほとんどであった。価格面では勝っていても、実績がなかったため、サービスの品質が不安視されていたのである。

そんななか、山口さんは2005年に、鳥人間コンテストに毎年参加している大学のサークルから、使用する飛行機の部品を運ぶ依頼を受けた。しかもこの依頼は一度で終わらず、定期的に続いた。不思議に思った山口さんが彼らに、なぜ利用してくれるのか聞いてみると、意外な答えが返ってきた。本当はレンタカーを借りて安上がりに済ませたいのだが、慣れないトラックで都内を走り回るのは怖い。かといって、大手運送業者に頼んでも相手にしてもらえるとは思えず、たまたまインターネット検索で見つけた同社を選んだという。

この話を聞いた山口さんは、トラックに特化したレンタカーサービスとプロドライバーによる運転サービスを組み合わせれば独自のビジネスができると考えた。レントラ便誕生の瞬間であった。

２００６年にサービスを開始すると1年間で６００件もの注文があった。2年目以降も注文は右肩上がりで増加を続けていった。そこで同社はレントラ便に特化していったのである。利用シーンは60キロメートル以内の短距離運送が中心で、単身者の引っ越しや自宅の荷物をレンタルルームに運ぶケースが多い。また、大学の合宿で使う荷物を運ぶケースや、企業がイベントで使う什器を運ぶために利用することもある。1件ごとの利用時間は長くないが、東京近郊の利用が多いため、近隣エリアの注文をなるべく同じ日に受けるように配車を調整して、車両の稼働率を高めている。引越業者は１００キロメートルを基本走行距離とした距離制か、4時間または8時間で区切った時間制で最低料金を決めていることが多い。このため、近所に荷物を運ぶだけでも、1回の引っ越しと同額の料金がかかってしまう。他方、レントラ便は30分単位という細分化した料金体系としているため、利用者の納得度は高い。顧客の利便性はより高まるし、案件単位で料金が決まる引っ越し会社や運送会社よりも総額が安くなるので、お得感もある。

山口さんは、レンタカーと運送サービスを組み合わせることでレントラ便という独自のサービスを実現した。異なる業界同士のサービスを掛け合わせれば独自のサービスをつくれることを教えてくれる事例である。

次に紹介するのは、海外のサービスを研究し、日本流にアレンジした事例である。

**㈱RDVシステムズ（松本敏治社長、宮城県仙台市、従業者数6人、事例1）**は、日々の企業活動で生まれる膨大な文書の廃棄支援サービスを手がけている。一般に、文書を廃棄する方法は二つある。一つは事務所に設置したシュレッダーで従業員が裁断する方法である。もう一つは段ボール箱に書類を詰め込んでおき業者に処分を依頼する方法だ。

同社はこのどちらでもない廃棄支援サービスを展開している。具体的には、客のオフィスに専用の文書廃棄ボックスを設置しておき、日常のごみと同じ感覚で廃棄文書を入れてもらう。ボックスには鍵がかかっており、同社のスタッフだけが解錠できる。そして契約時に定めた頻度、月に1回とか四半期に1回といったタイミングで同社のスタッフが訪問し、その場で廃棄する。廃棄作業に使うのは、荷台にシュレッダーを搭載した同社オリジナルのトラック「CUT-E《キュート》」である。荷台にボックスをはめ込むと、後はボタン一つでボックスの解錠から文書の投入、裁断までを全自動で行う。作業中、同社のスタッフが文書に触れることはない。荷台の内部にはカメラがついており、裁断の様子が外のモニターに映し出される。顧客は目の前で処分の一部始終を確認できるので安心だ。「同時性」を価値にしたサービスである。

このサービスの原型は米国発祥の「オンサイト・シュレッダーサービス」だ。松本敏治さんが前勤務先の商社にいた頃、新事業をリサーチするなかで見つけたものだ。ビジネスチャンスだと考えた松本さんは当初、勤務先で事業化を試みた。1年以内に収益をあげる約束でこのサービスを始めたものの、成果は出なかった。当時は今ほど情報管理や環境保護の機運が高まっておらず、書類は事業者に預けて焼却処分するのが一般的だったからだ。だが、いずれ日本にも米国のように厳格な文書廃棄をする時代が来る。こう踏んだ松本さんは独立し、起業したのである。

松本さんは、国内でこのサービスを普及させるには、日本固有の事情を踏まえる必要があると考えた。市街地の雑居ビルにある小さな事業所を効率的に回れるように、日本の道路事情に適した小型のトラックを開発した。

また、気軽にサービスを利用してもらうために、月額制の料金制度を導入した。通常の文書廃棄サービスは、廃棄量に応じて料金がかかる。業界内に明確な料金基準がないため、見積もりを依頼するわけだが、予想以上にお金がかかることも多い。月額制であれば、廃棄量に関係なくコストを見える化できるため、利用者は安心してサービスを利用できる。さらに、サービスの信頼性を高めるために社員教育マニュアルを整備、厳格な社内基準を満たした人だけがサービスに従事できるようにしたのである。これは人によってサービス品質が異なる「異質性」を排除する取り組みである。業界の先駆者だからこそ、厳格なルールを自らに課し、顧客の信頼を獲得していく必要がある。

松本さんの地道な取り組みは、個人情報保護法の施行やマイナンバー制度の導入など情報管理の重要性が高まるなかで、輝きを増している。米国流を日本流にアレンジしてサービスを使いやすくすることで、高い付加価値を生み出している事例である。

## (2) サービスの実現

前項では、「経験を生かす」「趣味や興味を追求する」「他業界や海外企業の手法をアレンジする」ことが、高付加価値サービスを生み出す第一歩になることを指摘した。これにより、事例企業は他社にはない独自性を追求している。だが独自性は言い換えれば新規性であり、サービスの成否は予想しにくい。㈱Ｌａｐｉｎ．ｄｏｕｘはしばらくの間、開店休業状態が続いたし、㈱ＲＤＶシステムズの松本社長は前勤務先で一度失敗を経験している。新サービスを展開するに当たっては、リスクの芽をできるだけ早期に摘んでおきたいところである。

では、サービスを実現する過程では、どのようにしてリスクヘッジしていけばよいのだろうか。事例企業の取り組みを整理していくと、「αテストとβテスト」「選択と集中」「アウトソーシング」というキーワードが浮かび上がる。一つずつみていこう。

### ① αテストとβテスト

聞き慣れないかもしれないが、ソフトウエア業界でよく使われている用語が、αテストと

βテストである。前者は、開発したソフトウエアが正しく動作するかどうかを社内でテストすることである。その後に行うのがβテストである。ここではソフトウエアを一般ユーザーに実際に試してもらう。これによりユーザーの反応を見極め、発売に向けた最終調整や販売計画をつくる。サービスの改善点や販売可能性をできるだけ明らかにしておくことで、リスクを回避できるわけだ。事例企業のなかにも、同様のテストを経てサービスの品質を高めたり、販売数量を拡大したりしているケースがあった。

**㈲わらしべ（福田圭社長、三重県伊勢市、従業者数18人、事例12）**は、三重県を中心に東海地方で15店舗を展開するたいやき店である。もともとは自動車用のベアリング部品をつくっていたが、リーマン・ショックにより業績が低迷、再起を目指してたいやき店に転業したという、異色の企業である。

なぜたいやき店に転じたのかというと、先代社長が大のたいやき好きだったからである。ベアリング製造の時代から頻繁に食べ歩きをしては、従業員たちにお土産として買ってくることが多かったが、既存のたいやき店に不満を抱いていたらしい。一つは待ち時間である。お土産用に10枚、20枚とまとめ買いすると、焼き上がりまで相当な時間がかかる。もう一つの不満は、持ち帰ったたいやきだ。店頭で焼きたてを買っても、帰って食べるときには冷めて硬くなってしまう。温め直しても焼きたてにはかなわない。先代社長はこの不満を解消しようと、ベアリング製造のかたわら、たいやき器と生地の素を自分でつくってしまう。たいやき器にはタイマーが内蔵されており、ベストなタイミングで焼き上がりを知らせてくれる。これなら鉄板につきっきりにならずに済むので、仕事をしながらたいやきをつくれる。

生地の素も自作した。地元の製粉所にお願いして三重県産の小麦あやひかりを挽いてもらい、これにコンスターチやベーキングパウダーを混ぜた独自の生地の素をつくった。あやひかりはでんぷんの構成成分の一つであるアミロースの割合が低いため生地に粘り気が出て、冷めても硬くなりにくい特徴がある。不満を解消するのにうってつけだったのだ。

先代社長が自作のたいやきを社内で振る舞ったところ、たいへん好評だった。家族へのお土産として自宅へ持ち帰る従業員もいたくらいだ。こうしたなか、リーマン・ショックが起きて会社の経営が危機的状況になり、その打開策として、自作のたいやき器と生地の素に再起をかけたのである。

飲食店経営の経験がないなかでの転業は、非常に大きなリスクを伴う経営判断である。そこで同社はリスクを軽減するために、二つのプロセスを踏んだ。まずαテストである。これについてはすでに先代社長が社内サービスとして実施していた。自社のたいやきが冷めてもおいしいことは試験済みだったのである。だからこそ、転業を決断できたわけだ。

次はβテストである。先代社長はベアリング製造を続けながら、ロードサイドに1店舗目を出店し、顧客の反応をみた。なぜ、人通りの多い商業地ではなく、車通りの多いロードサイドを選んだのか。これには二つの理由がある。一つは、中心商店街に比べて出店コストが安く済むからだ。もう一つの理由は、商品の特徴が消費者に伝わるかを確かめるためだ。たいやきは焼きたてがおいしい、「同時性」の高い商品である。他方、先代社長が完成させたたいやきは冷めてもおいしい点が最大の特徴だ。この価値が伝わるかどうかを検証するために大型バスが停車できるロードサイドに店を構え、観光ツアー客をターゲットにしたのである。

2009年に店をオープンすると、狙いどおり自宅へのお土産や車内でのおやつ需要をつかむことに成功した。このため、購入枚数は業界平均よりも多くなることもわかった。1人当たりの購入枚数は、その場で食べるなら多くても2枚だが、同社では平均5枚を超える。

βテストの結果、商品に合ったこのマーケティングに成算があるとわかり、いよいよ大々的に「冷めてもおいしいたいやき」というブランドコンセプトを掲げたのである。そして先代社長がつくり上げた味を引き継いだ現社長の福田圭さんは、フランチャイズ制度を使って多店舗展開を進めた。他のたいやき店と違って「同時性」の問題をクリアしていることもあり、フランチャイズ加盟の応募者は後を絶たない。この結果、10年足らずで店舗数を大きく増やせたのである。

先代社長は、既存店舗への不満がきっかけとなって、冷めてもおいしいたいやきを開発した。これはたいやきの常識を覆すものであり、価値が伝わるかどうかがリスクであった。社内外でテストを行ってリスクヘッジをしながら、サービスを拡大していったのである。

### ② 選択と集中

二つ目は、選択と集中だ。しばしば経営戦略の教科書で登場するキーワードである。複数ある事業のなかから自社の得意な事業と苦手な事業を見極め、得意な事業に経営資源を集中的に投下するのが、選択と集中である。これにより経営効率を高め、競合との差別化を目指すわけだ。小さな企業の場合、複数の事業を営んでいるケースは少ないかもしれないが、得意分野や需要の拡大が見込める分野に特化することで、サービスの独自性を際立たせているケースがあった。

**クッキーナッツ・スタジオ㈱（稲次寛社長、神奈川県川崎市、従業者数12人、事例４）**

は、1953年創業の写真店である。川崎市内の商店街の表通りに店舗とスタジオを構え、フィルムの現像サービスや成人式や七五三などの写真撮影を行ってきた。

だが、2000年代に入るとデジタルカメラの普及が進み、これに反比例するように現像サービスの売り上げは減少していった。この状況を打開するため、3代目社長の稲次寛さんは、現像サービスを止め、写真撮影に特化することにした。これに伴い、店舗を人通りの多い現在の店舗から、幹線道路沿いにあるマンションの最上階に移転した。

写真撮影であっても結局は来店してもらうことになるので、立地はアクセスの利便性が高い場所のほうがよいはずである。しかし稲次さんはこのセオリーを覆し、最寄りの駅から徒歩15分以上離れた場所を選んだ。理由は、窓から差し込む自然光だ。当時、自然光が差し込む写真スタジオはほとんどなかった。稲次さんはこれを武器に、独自の撮影サービスを打ち出したのである。

ただ、空中店舗なので店を開けていただけでは顧客は増えない。そこで稲次さんは、サービスをアピールするために店舗移転と前後して次のような手を打った。まず、写真撮影に訪れた人に対して、おまけのカットを数枚撮影してあげるようにした。代金は無料である。その代わり、撮影した写真は同社の広告宣伝にも使わせてもらう。理美容店のカットモデルに似たサービスだ。こうして撮り貯めた写真を使って、稲次さんは近隣にある大型商業施設の一角で、写真展を数回開いたのである。なかでも、自然光を生かした明るい写真は通行客の目に留まり、同社への問い合わせは増えていった。さらに利用客の多くは、写真映えの良さから、写真の多くをＳＮＳにアップして家族や友人と共有する。これが宣伝となり、新たな注文が入る好循環が生まれたのである。

稲次さんは写真の現像サービスを止め、撮影に特化する戦略を採った。これにより店舗立地に自由度が生まれ、自然光を生かした価値の高い撮影を可能にした。立地の悪さによる集客減は、無料のサービスと写真展を組み合わせることでカバーしている。現在、同社のようなサービスを行う写真店は多いが、業界の先駆者である同社には、今もなお同業者の視察が相次ぐ。稲次さんが進めた選択と集中は、市場全体が大きく変化する写真店業界において、進むべき道を示す羅針盤となっているのである。

このほかにも、先に紹介した㈱Ｌａｐｉｎ．ｄｏｕｘはデザートに特化したレストランを開いているし、㈱幻の酒は新潟県産の地酒に特化している。小売店の場合、商品の品ぞろえも重要だが、中途半端に点数を増やして特徴がぼやけるくらいなら、思い切って商品を絞り込んだほうがうまくいくことが多い。

### ③　アウトソーシング

三つ目のキーワードは、アウトソーシングだ。小さな企業の経営においては、外部資源の有効活用がよくいわれる。大企業と違って経営資源に限りがあるからというのが理由だが、「異質性」の問題から、外部の力がかえってサービスの品質を下げてしまう可能性もあるため、安易な利用は避けたいところでもある。次に紹介するのは外部資源の有効性を見極め、効果的に取り入れることで独自のサービスを展開している事例である。

**㈲ウスザワ（臼澤貞夫社長、長野県上田市、従業者数13人、事例2）**は、花火やおもちゃを販売する企業である。少子化に加えて騒音や環境規制などもあり、自分で仕掛けて遊ぶ玩具用花火の需要は縮小傾向にある。そこで同社は玩具用以外の花火に活路を見出すことにした。打ち上げ花火と打ち上げサービスをセットにして消費者に直接販売することにしたのである。もっとも、これは日本煙火《はなび》協会が認めた打ち上げ師しか扱うことができない。需要が予測できないなかで、打ち上げ師を常時雇い続けるのはリスクがあることから、社外の助っ人をお願いすることにした。日本には、趣味として打ち上げ師の資格をもっている人たちがいる。彼らは、普段は別の仕事をしているので、せっかく資格をもっていても、実際に打ち上げを行う機会がない。そこで、臼澤貞夫社長は、こうした人たちとネットワークを築き、注文の都度、都合がつく人を手当てする態勢をつくったのである。日当は1万5000円から3万円だ。

結婚式場やイベント会社と連携してこのサービスを売り出したところ、狙いは当たり、注文が相次いだ。打ち上げ花火といえば夏の風物詩であったが、このサービスができたことによって季節のムラを埋めることに成功した。それだけでなく、商品としての花火に、打ち上げサービスという体験を価値に加えている。まさに「同時性」を追求したサービスといえる。

外部資源というと、記帳代行やシステム構築など事業所向けにサービスを展開している企業の利用が思い浮かぶ。したがって、外部連携の基本型はBtoBである。だが、同社はBtoCの外部連携を実現した。しかも打ち上げ師の人件費は固定費ではなく変動費であるため、サービス単体の損益分岐点は、低く抑えられている。

最近は個人のスキルを売買できるサービスが登場するなど、アウトソーシングの幅は広がっている。ただし、アウトソーシングを活用する際には注意すべきこともある。自社が利用するサービスにも当然「無形性」や「異質性」があるという点だ。同社はこの問題を回避する工夫として、日本煙火協会が定めた安全講習会の会場を提供している。打ち上げ師の資格を保持するためには年1回、安全講習会に参加しなければならない。同社はこの機会を通じて打ち上げ師との関係を強固なものにするとともに、サービスの要である打ち上げ師のスキルを見極めているのである。

### (3) サービスの維持

ここまで、サービスの「発見」「実現」の順に独自性の高いサービスが登場するまでの過程をみてきた。高付加価値を生み出すサービスを実現できても、いつまでも競争優位を保てるとは限らない。優れたサービスには追随者が必ず現れる。では、事例企業はどのように競争力を維持しているのだろうか。ここでは「ブランド化」「要素間の連動」「絶え間ない改善」の三つをキーワードとして挙げたい。

#### ① ブランド化

一つ目は、ブランド化である。「あのサービスといえばこの企業」と、消費者に思わせることができればしめたものである。だが、小さな企業は大企業のように広告宣伝費をかけてサービスの知名度を高めたり、ブランディング活動を展開したりすることは難しいため、ブランド化のハードルは高いといえる。だが、方策がまったくないわけではない。

一つは、さまざまなコンテストに参加する戦略である。日本酒ギフトのカスタムメードを手がける㈱幻の酒は2016年にグッドデザイン賞を受賞し、顧客の大幅な増加につながった。冷めてもおいしいたいやきを販売するたいやき店を展開する㈲わらしべも、優れた品質をもつ食品に贈られるモンドセレクションに応募し、2016年から2年連続で表彰を受けている。

こうしたコンテストで表彰されるのは容易ではないが、受賞したときのメリットは大きい。サービスの知名度が飛躍的に高まるからだ。受賞に至らなかったとしても、自社のサービスを客観的に評価してもらえる機会、商品やサービスの品質をテストする機会ととらえ直し、次の改善に向けたモチベーションにすればよい。

そしてもう一つ、近年、ブランド化を進めるうえで重要性を増してきているのが口コミだ。インターネット上には商品やサービスの使い勝手をレビューするサイトや、購入した店舗の応対（サービスが優れていた、対応が速かったなど）を評価するサイトが多数ある。レビューの品質を確保するため匿名での書き込みを制限しているところもある。今や商品やサービスを購入する前には、こうしたレビューを確認するのが当たり前になっている。これは商品やサービスの「無形性」を補完する仕組みといえる。サービスの提供者にとっては耳の痛い評価をされることもあるが、優れたサービスを提供してポジティブな評価を多く集めることで、顧客の力を借りたブランド化を図ることもできる。一例を挙げよう。

新潟県三条市は「金物のまち」として有名である。㈱**山谷産業（山谷武範社長、新潟県三条市、従業者数14人、事例8）**は、地元でつくられる良質なアウトドア用品やキッチン用品を「村の鍛冶屋」というネットショップで販売している。取扱商品は3万点に上る。類似の商品を販売するネットショップはごまんとあるなかで、村の鍛冶屋は独自の商品企画で存在感を高めてきた。

同社の名を一躍有名にしたのが、2013年に発売したペグ「エリッゼステーク」である。ペグとはテントやシートを地面に固定する釘で、キャンプやピクニックの必需品である。エリッゼステークは発売初年度に5万本、2016年度には30万本が売れ、大ヒット商品となった。従来品との違いは三つある。まず、胴の形状だ。従来品は胴まわりが円形のため、地面に打ち込むときに軸が回転しやすい。エリッゼステークは楕円形になっており、軸の回転を防げる。製法も異なる。従来品の多くはアルミ棒を切って曲げただけのものやプラスチック製である。対するエリッゼステークは刃物づくりでよく使われる鍛造工法を採用しているため、頑丈である。三つ目はカラーバリエーションだ。従来品は黒やシルバーなど地味な色が多く、使った後に置き忘れてきてしまうことが多かった。そこで赤や黄色などを用意し、視認性を高めたのである。テントやシートの色に合わせてコーディネートを楽しむこともできる。

エリッゼステークを考案したのは山谷武範さんの弟だ。同社の専務として兄とともに経営に当たる弟は大のキャンプ好きで、従来品のペグの使いにくさをどうにか改善できないかと考えたことが、エリッゼステーク誕生のきっかけとなった。

ただ、ネットショップであるため、対面販売のように現物を見せながら商品の特徴を説明することはできない。どうすれば商品を効率的にアピールできるか。山谷さんは専務のようなキャンプ慣れした人をターゲットに据えた。彼らが思わずうなずいてしまうような通好みのこだわりをネット上につづった。狙いは当たり、キャンプ上級者から大きな反響を得た。

さらに商品は意外な売れ行きをみせる。なぜか日曜日の夜によく注文が入るのだ。購入者のレビューを読むと、キャンプ場で居合わせたほかのキャンパーがエリッゼステークを使用しているのを見て性能の良さを知り、帰宅後に注文するケースが多いことがわかった。キャンプ場では、見ず知らずの人が自然と打ち解けたり、初心者が上級者からアドバイスを受けたりすることが多い。そこでエリッゼステークの評判が広まっていたのである。つまりキャンプ場がショーウインドーの役割を果たし、上級者が性能をPRしてくれていたわけだ。こうして村の鍛冶屋の名は広まり、優れたアウトドア用品が集まる店というブランドを確立していったのである。

㈱山谷産業がブランド化を成功させた最大の要因は、商品の価値がわかる上級者を味方に付けたことにある。有名な俳優のファッションをまねしたくなったり、トップアスリートが履いていた靴が人気になったりするのと同じように、嗜好性の高い分野ほど、リードユーザー（一般のユーザーに比べて製品への関心や使用頻度が高いユーザー）の影響が大きくなる。リードユーザーが製品に対して優れた評価を与えれば、そこを起点に一般ユーザーに広がっていく可能性が高まるわけだ。

## ② 要素間の連動

二つ目のポイントは「要素間の連動」である。根来（２０１４）は、自社内のさまざまなサービス、つまり要素をつなぎ合わせて相互依存性を高めていくと、サービスの模倣困難性が高まると指摘する。事例企業の取り組みをみると、一見すると矛盾していたり、突拍子もないようにみえたりする複数の要素が巧妙に連動することで、全体のビジネスが回っていることがわかる。これにより他社の追随をかわし、競争力を維持しているわけだ。このロジックがあるのに気付かず、一部だけをまねしてもうまくいかないのである。

例えば、自動車のカスタマイズサービスを手がける㈱ルーフコーポレーションは毎年1回、三重県鈴鹿市にあるサーキット場で顧客を招いたイベントを開催している。内容は愛車を運転してサーキットを走る企画や、プロドライバーによるドリフトの体験会である。参加は無料であるため、イベント単体の採算は赤字だ。だが、客同士が交流することで、自然と次の購買意欲がかき立てられる。この結果、同社で追加のカスタマイズを行う好循環が生まれているのである。この全体像に気付かず、表面的にイベントだけをまねても、付加価値は高まらない。

伊豆半島の西伊豆町でキャンプ場を運営する㈱VILLAGE INCは、2015年に伊豆急下田駅から徒歩5分の場所に商業施設「NanZ VILLAGE」をオープンした。ここには雑貨店や同社直営のレストランなどが入居している。同社は天候に左右されやすいキャンプ場の収益を安定させるためにこの事業を始めたのだが、別の狙いもある。実は、ここにあるレストランは、キャンプ場に届ける料理の調理拠点になっているのである。これまで同社はケータリングサービスを近隣の飲食店に外注していたが、内製化したことでメニューの充実と収益力アップを実現した。キャンプ場と商業施設の運営という、二つの異なる要素を組み合わせることに、しっかりとした意味があるのである。

### ③ 絶え間ない改善

そして最後は「絶え間ない改善」だ。優れたサービスであってもけっして独りよがりにならずに、顧客の声に耳を傾け、改善に取り組むことが重要だ。追随者からまねをされても、そのときにさらに一歩も二歩も先を行っていれば、追い付かれることはない。今回調査させていただいた企業の経営者は皆、いったんつくり上げた商品やサービスに満足することなく、日々改善を積み重ねている。事例調査を進めるなかで、特に印象的だった話を紹介したい。

デザートレストランを営む㈱Ｌａｐｉｎ．ｄｏｕｘの吉崎さんは、カウンター越しに仕事をしているから、顧客の反応がダイレクトに伝わってくる。コースのメニューのグレードアップに伴う値上げや、メニューの一部をお土産に変更して回転率を高めることなども、顧客の反応をつぶさに見ていたからこそ、うまくいったと振り返る。その一方で吉崎さんは、顧客に喜ばれても業績に結び付かなければ、サービスを改善する意味がないと指摘する。

「御用聞き」になってはいけないのだ。既存のサービスを改善すると業績はどうなるのか。これを常にシミュレーションしていると、吉崎さんは教えてくれた。

## 6 まとめ

第I部では、高付加価値を生み出すことで生産性を高め、サービス産業界で存在感を発揮している小さな企業の事例を分析した。第2節では、サービス産業界の現状を整理した。わが国の経済活動においてサービス産業の存在感は高まっているが、サービス産業の生産性は製造業に比べて低いこと、ただし、サービス産業内においては、生産性と企業規模に明確な相関関係はなく、大企業よりも高い生産性を実現している小さな企業が存在すること、そして消費者の志向は「モノ」から「コト」へシフトしていることを示した。小さなサービス産業にとって、今こそが大きくはばたくチャンスである。

だが、サービス産業には、生産性を高めにくい特性があることを念頭に置いておく必要がある。第3節ではこれについて検討した。「無形性」「同時性」「消滅性」「異質性」の存在である。付加価値向上のためには、これらの特性を踏まえたうえで、従来とは異なるアプローチをしていく必要がある。

これを受けて第4節では、低生産性を乗り越える三つの視点として「商品・サービスの内容」「市場」「プロセス」を挙げた。事例企業はこれらの視点をもとに同業他社との差別化を図り、高付加価値化を実現している。

第5節では、高付加価値を生み出すサービスを「発見」「実現」「維持」の3段階に分けて、それぞれの過程において事例企業はどのような取り組みをしてきたのか整理した。

サービスの「発見」では、キーワードとして「経験を生かす」「趣味や経験を追求する」「他業界や海外企業の手法をアレンジする」の三つを挙げた。前の二つは、経営者の個性といってよいだろう。独自のサービスを生み出すヒントは、経営者自身の内面にあるのかもしれない。

サービスの「実現」では、「αテストとβテスト」「選択と集中」「アウトソーシング」の三つを挙げた。独自性の高いサービスを発見できても、顧客に受け入れられなければ付加価値を生み出すことはできない。新しいサービスが成功するかどうかには、リスクがある。事例企業の取り組みをみると、このリスクを少しでも軽減し、実現可能性を高めていることが明らかとなった。

サービスの「維持」では、「ブランド化」「要素間の連動」「絶え間ない改善」をキーワードとして挙げた。業界競争が厳しさを増すなかで、事例企業はけっして現状に拘泥せず、常に先を見据えている。

ここまで、高付加価値を生み出し、高い生産性をあげているサービス産業の事例研究を行ってきた。ここでの分析は、サービス産業に属さない製造業の企業にとっても示唆に富んでいると考えられる。近年は「製造業のサービス化」がいわれるようになってきたからだ。ベースにあるのは「サービス・ドミナント・ロジック」という考え方である。これは、商品がもつ価値（商品価値）と、顧客がこれを使用することで生じる価値（顧客価値）を一体的にサービスととらえるもので、製品や商品の役割は「サービス」を顧客に届けるための媒体にすぎないとする考え方である（延岡，２０１７）。延岡教授はこの論文で、製造業が目指すべき価値創出は、商品価値から顧客価値に大きく変化していると指摘する。高品質の製品や商品をつくるだけでは、これからの時代を生き抜くことはできない。これは建設業にも当てはまるだろう。建物や住宅の価値は、性能や材質だけではなく、そこで働く人や住む人の満足度によって決まる。近年、中古物件のリノベーションサービスが流行しているのは、働く人や住む人が求めているニーズを満たしやすいからだろう。

こう考えると、高付加価値を生み出す小さなサービス産業の経営戦略は、大企業に比べて生産性が低いといわれる中小製造業者や中小建設業者が、現状を打開するための糸口にもなりうる。本書がサービス産業にとどまらず、広く小さな企業における生産性向上のヒントになれば幸いである。

＊＊＊

今回取材させていただいた企業の経営者は、実にユニークなサービスを手がけている。酒を飲まない人が顧客の酒小売店、あえてアクセスの悪いところに設けたキャンプ場、冷めてもおいしいたいやき、シュレッダーを搭載したトラック、マンションの最上階にひっそりと店を構える写真スタジオ——。挙げればきりがないわけだが、事例企業の取り組みは一見すると突拍子もないように映る。まさに「新規性」が高いサービスなのだが、サービスが実現するまでの道のりを丹念にみていくと、けっして唐突なものではなく、実に緻密な戦略を積み重ねていると感じた。経営者のたくましい商魂が垣間みえた気がする。

小企業は大企業に比べて、柔軟な対応ができる点が強みである。だが、いつまでも「御用聞き」に徹して、身を削る経営を続けていてよいのだろうか。サービスと聞くと、どこかに奉仕のイメージが感じられるが、その真の価値に見合った対価を得られなければ、いずれ経営は行き詰まる。他方、事例企業の経営者は、柔軟性という武器をどうやって業績に結び付けるかを常に考えていた。誤解をおそれずにストレートな表現をすれば、「いかにして1円でも多く儲けるか」という発想だ。長らくデフレが続くなかで、いつしか小企業の経営者は「いかにして1円でも安く売るか」ばかりに目を向けていたように思う。だが事例企業の取り組みをみて、この考え方は転換点を迎えていると確信した。高付加価値で勝負する時代が、始まっている。

（藤田　一郎）

〈参考文献〉

コーリン・クラーク（１９４０）『経済的進歩の諸条件（上・下）』大川一司・小原敬士・高橋長太郎・山田雄三訳、勁草書房
消費者庁（２０１６）『平成28年版消費者白書』勝美印刷
中小企業庁（２０１６）『２０１６年版中小企業白書』日経印刷
内藤耕（２０１０）『実例でよくわかる！サービス産業生産性向上入門』日刊工業新聞社
日本政策金融公庫総合研究所（２０１７）『見つめ直す経営学―可視化で殻を破った中小企業の事例研究』同友館
――（２０１６）「小企業の経営指標・２０１５年度調査」日本政策金融公庫ホームページ
根来龍之（２０１４）『事業創造のロジック―ダントツのビジネスを発想する―』日経ＢＰ社
延岡健太郎（２０１７）「顧客価値イノベーションによる価値づくり経営」日本政策金融公庫総合研究所『日本政策金融公庫調査月報』Ｎｏ・１１１、pp・４―15

# 第Ⅱ部

# 事例編

## 事例一覧

| 事例6 | 事例5 | 事例4 | 事例3 | 事例2 | 事例1 | 事例番号 | | |
|---|---|---|---|---|---|---|---|---|
| ㈱ハーツ | さかもとこーひー㈲ | クッキーナッツ・スタジオ㈱ | ㈱VILLAGE INC | ㈲ウスザワ | ㈱RDVシステムズ | 企業名 | | |
| 運送業 | コーヒー豆の販売 | 写真スタジオ | キャンプ場の運営 | 花火、おもちゃの販売 | 出張による文書廃棄サービス | 事業内容 | | |
| 1993年 | 1982年 | 1953年 | 2010年 | 1908年 | 2000年 | 創業年 | | |
| 1,300万円 | 300万円 | 300万円 | 2,475万円 | 300万円 | 3,550万円 | 資本金 | | |
| 15人（うちパート3人） | 5人（うちパート2人） | 12人（うちパート6人） | 15人 | 13人（うちパート3人） | 6人（うちパート1人） | 従業者数 | | |
| 東京都品川区 | 千葉県千葉市 | 神奈川県川崎市 | 静岡県下田市 | 長野県上田市 | 宮城県仙台市 | 所在地 | | |
| ○ | ○ | ○ | ○ | | ○ | 商品・サービスの内容を差別化する | | 高付加価値を生み出す三つの視点 |
| ○ | | | | ○ | | 市場を差別化する | | |
| ○ | ○ | ○ | ○ | ○ | ○ | プロセスを差別化する | | |
| | ○ | ○ | | ○ | | 経験を生かす | 発見 | 高付加価値を生み出すサービスが完成するまで |
| | | | ○ | | | 趣味や興味を追求する | | |
| ○ | | | | | ○ | 他業界や海外の手法をアレンジする | | |
| | | ○ | | | ○ | $\alpha$テストと$\beta$テスト | 実現 | |
| ○ | ○ | ○ | ○ | ○ | | 選択と集中 | | |
| | | | ○ | ○ | | アウトソーシング | | |
| ○ | | | ○ | | ○ | ブランド化 | 維持 | |
| | ○ | ○ | ○ | ○ | | 要素間の連動 | | |
| ○ | ○ | ○ | | | ○ | 絶え間ない改善 | | |

## 事例一覧

| 事例番号 | | | 事例12 | 事例11 | 事例10 | 事例９ | 事例８ | 事例７ |
|---|---|---|---|---|---|---|---|---|
| 企業名 | | | (有)わらしべ | (株)ルーフコーポレーション | (株)LUXURY FLIGHT | (株)Lapin.doux | (株)山谷産業 | (株)幻の酒 |
| 事業内容 | | | たいやき店、フランチャイズ店の管理運営 | 自動車の販売、アフターサービス | フライトシミュレーター体験施設の運営 | デザート専門レストラン | アウトドア用品、キッチン用品のネット販売 | 酒小売 |
| 創業年 | | | 1982年 | 2005年 | 2011年 | 2010年 | 1979年 | 2000年 |
| 資本金 | | | 500万円 | 1,000万円 | 300万円 | 50万円 | 1,000万円 | 4,600万円 |
| 従業者数 | | | 18人（うちパート8人） | 20人 | 7人（うちパート5人） | 1人 | 14人（うちパート4人） | 9人（うちパート3人） |
| 所在地 | | | 三重県伊勢市 | 愛知県名古屋市 | 東京都大田区 | 東京都世田谷区 | 新潟県三条市 | 新潟県新潟市 |
| 高付加価値を生み出す三つの視点 | 商品・サービスの内容を差別化する | | ○ | ○ | ○ | ○ | ○ | ○ |
| | 市場を差別化する | | | | ○ | | | ○ |
| | プロセスを差別化する | | ○ | ○ | | ○ | | |
| 高付加価値を生み出すサービスが完成するまで | 発見 | 経験を生かす | ○ | | | ○ | | ○ |
| | | 趣味や興味を追求する | ○ | ○ | ○ | | ○ | |
| | | 他業界や海外の手法をアレンジする | | | | ○ | | |
| | 実現 | αテストとβテスト | ○ | | | | | |
| | | 選択と集中 | ○ | | ○ | ○ | | ○ |
| | | アウトソーシング | | ○ | | | ○ | ○ |
| | 維持 | ブランド化 | ○ | ○ | ○ | | ○ | ○ |
| | | 要素間の連動 | | ○ | | ○ | ○ | |
| | | 絶え間ない改善 | ○ | | ○ | ○ | ○ | |

# 事例1 「その場で」を売りにした文書廃棄の出張サービス

㈱ RDVシステムズ
代表取締役
**松本 敏治**

〈企業プロフィール〉

［代 表 者］ 松本 敏治（まつもと としはる）
［事業内容］ 出張による文書廃棄サービス
［創　　業］ 2000年
［資 本 金］ 3,550万円
［従業者数］ 6人（うちパート1人）
［所 在 地］ 宮城県仙台市若林区河原町1－3－24
［電話番号］ 022（716）3331
［Ｕ Ｒ Ｌ］ http://www.rdv.jp

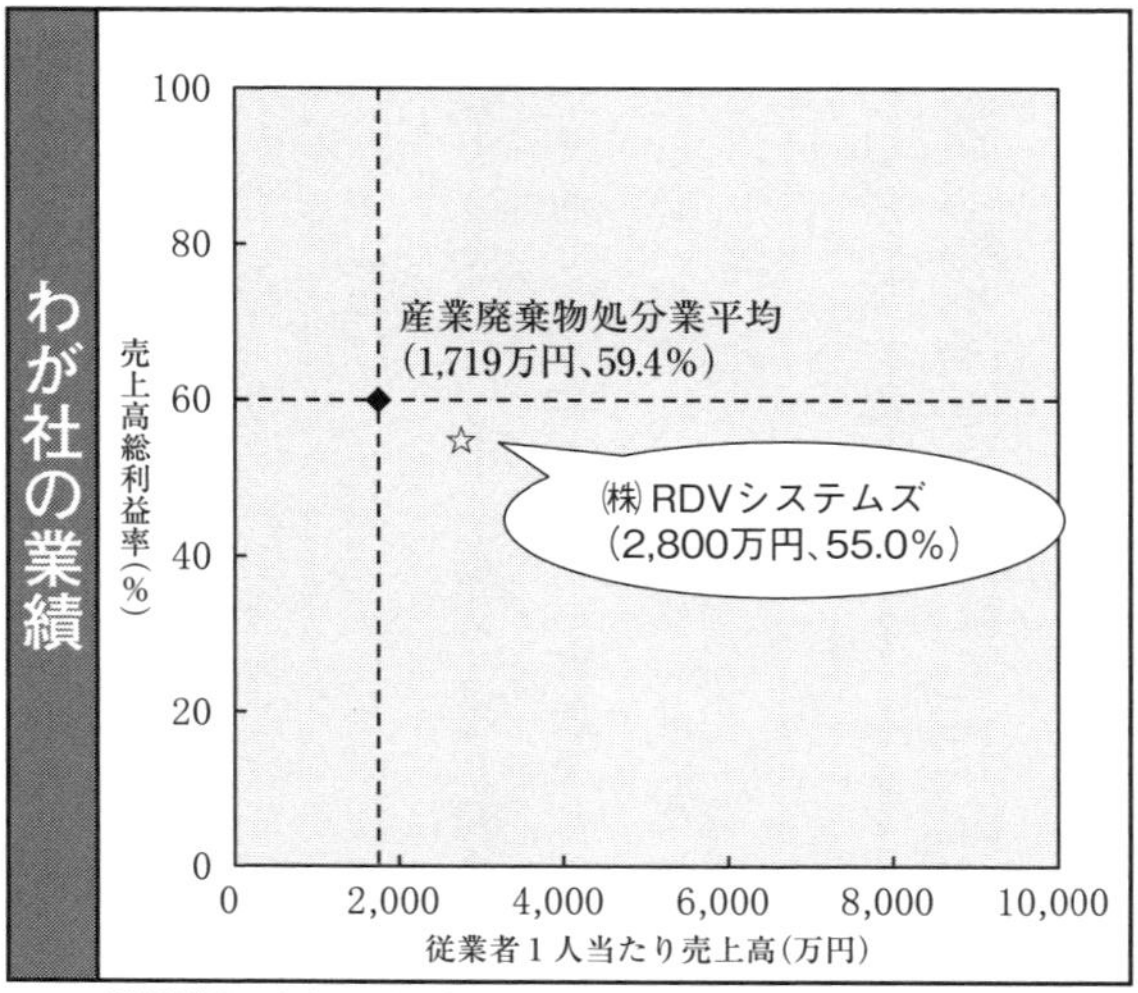


（注）従業者１人当たり売上高は、パート・アルバイトの人数を除いて算出している。

# 文書廃棄の手間やリスクを軽減する

## ――事業内容を教えてください。

文書の廃棄支援サービスを手がけています。どんな企業でも、報告書や企画書などさまざまな文書を作成しています。こうした文書は社内で管理するわけですが、ずっと保管し続ければよいというものでもありません。保管場所には限りがありますし、紛失でもしたら問題です。保存期間を設け、それを過ぎたら処分するのが普通です。書き損じた書類など、すぐに不要になるものを含めれば、日々廃棄しなければならない文書は、かなりの量になるはずです。

一般に、文書を廃棄する方法は二つあります。一つは事務所に設置したシュレッダーで従業員が裁断する方法、もう一つは段ボール箱に詰め込み、業者に処分を依頼する方法です。普段は自分たちで、大がかりな整理は業者にと、二つの方法を併用しているケースも多いかもしれません。

あまり意識されないかもしれませんが、いずれの方法にもマイナスの面があります。前者であれば、シュレッダーをかける時間と手間がかかります。些細な時間のようですが、一人ひとりが費やす時間を1年間累計すれば、結構な時間になるでしょう。それに、まとまった量をシュレッダーにかけるとなると、相当な時間がかかります。

後者の場合はどうでしょうか。これなら箱詰めの時間以外にさほど時間はかかりません。問題は、処分のタイミングが限られる点です。ある程度まとまった量にならなければ、ほとんどの業者は回収に来てくれません。効率が悪いからです。結果、年に1回とか半年に1回といった頻度になってしまいます。それまでは、社内で保管しておかなければなりません。

しかも、引き渡したあと、業者がすぐに処分するとは限りません。最終的には溶解処分施設にもち込むことになりますが、回収のたびに施設に行くのは効率が悪いため、多くの業者が、ある程度の量がたまるまでは倉庫で保管するのです。これでは、倉庫内で紛失したり、盗難に遭ったりするリスクがどうしても残ります。

当社は、こうした手間やリスクを軽減する第3の方法で、文書廃棄を支援しています。

## ――どのようなサービスですか。

当社のスタッフがお客さまのもとを定期的に訪問し、文書をその場で廃棄処分するというものです。

仕組みはこうです。まず、お客さまのオフィスに、専用の文書廃棄ボックスを設置します。ポストのような投入口のある金属製の箱で、日常のごみと同じ感覚で廃棄文書を入れてもらいます。ボックスには鍵がかかっており、当社のスタッフしか開けることはできません。底にはキャスターが付いているので自由に動かせますし、側面には留め具が付いているので壁や什器に固定もできます。オフィスのレイアウトに合わせて設置が可能です。

そして契約時に定めた頻度、例えば月に1回とか四半期に1回といったタイミングで当社のスタッフが訪問し、その場で文書を処分します。その場で、とはどういうことかと疑問に思われるかもしれません。実は、当社には秘密兵器があるのです。荷台にシュレッダーを積載したオリジナルの4トントラック「CUT-E」です。

文書廃棄ボックス

文書廃棄ボックスを施錠したままはめ込むと、あとはボタン一つでボックスの解錠から文書の投入、裁断までを全自動で行ってくれます。全自動としたのは、手間を省くだけでなく、機密保持の観点からも重要だと考えたからです。ボックスをセットしてから裁断が完了するまで、当社のスタッフは、文書に触れもしなければ見ることもありません。

段ボール１箱分程度の文書でしたら、ものの３分ほどで裁断できます。裁断の様子を外のモニターから見られるほか、荷台の扉を開ければ裁断後の紙片も手に取ることができます。本当に処分されたことを、自分の目で確認できるようになっているわけです。

## 新サービスは米国生まれ

**――どういったきっかけでこの事業を始めるようになったのですか。**

この事業の原型は、海外にありました。米国発祥の「オンサイト・シュレッダーサービス」です。

話は１９９０年代後半にさかのぼります。当時わたしは商社に勤めていました。２０００年のダイオキシン類対策特別措置法の施行を控え、環境保護への関心が高まるとの見方が広がっていたころです。勤務先の社長から、環境関連ビジネスを立ち上げるよう指示を受けたわたしは、日本よりも進んでいた米国の動向をリサーチしていて、このサービスに出合ったのです。

これは面白いと思い、企画にまとめました。当時、書類は焼却処分するのが一般的でした。法律の施行により、焼却施設には規制がかかる。紙資源はリサイクルに回すようになる。その流れに乗れると踏んだのですが、役員から一蹴されてしまいました。書類を処分するのにお金を払う企業などそうはないだろう、というわけです。

諦め切れなかったわたしは、社長に直談判しました。世界ではオンサイト・シュレッダーサービスが主流となっており、いずれは日本にも広まるに違いない。他社に先んじて仕組みをつくるべきだ、と。わたしの勢いに押されたのでしょうか。それほど言うのならばやってみろ、と社長の承認が下りたのです。ただし、1年以内に収益をあげることが条件でした。

1年はさすがに短いと思いましたが、せっかく承認が下りたのですから、ぜいたくは言っていられません。簡易な設備を搭載したワンボックスカーを準備し、とにかく始めることにしました。

結果は、残念ながら時間切れでした。大企業やオフィスビルの保守管理会社を中心に売り込みをかけたところ、興味をもってはもらえたのですが、収益をあげられるほどの契約を獲得するまでには至りませんでした。方向性は間違っていない。近い将来、きっと事業として成り立つ。その思いが捨て切れず、結局わたしは独立し、当社を立ち上げることにしたのです。２０００年のことでした。

## ――その後はうまくいったのでしょうか。

開業当初は苦労しました。リサイクル・ドメイン・バリューという言葉の頭文字をとってＲＤＶシステムズという社名をつけたのですが、当時は文書廃棄の支援を行っている企業であると理解してもらうことさえ難しかったのを覚えています。

とはいえ、簡単に諦めるわけにはいきません。営業をかけつつ、体制を整えていきました。まずは、迅速

シュレッダーを搭載したトラック「CUT-E」

かつ確実に裁断できるよう、電気工事店の協力を得て独自の車両を開発しました。

回収後の紙をリサイクルするスキームについても検討しました。当社が回収した分だけでは少なすぎて、リサイクル業者にもち込んでも相手にしてくれません。そこで、全国ＲＤＶシステム協議会というネットワーク組織を立ち上げ、当社と一緒になってサービスを広げてくれそうなパートナー探しを併せて行っていきました。いわば、フランチャイズ展開です。

古紙回収業者や運送業者に声をかけたところ、８社が賛同してくれました。古紙回収業者はもともと新聞や段ボールを集めてリサイクル業者に販売しています。回収量が増えれば売り上げが増えますから、メリットを感じてもらえたようです。運送業者は、運賃の引き下げ競争が進んでおり、他社との差別化の方策を探していたようです。そこで、彼らに専用車両を購入してもらい、営業エリアを広げていきました。

やがて、世の中の流れも後押しする方向に働きはじめました。環境問題だけでなく、個人情報保護への関心の高まりもあり、裁断してリサイクルに回す処分の仕方が次第に受け入れられるようになっていったのです。

引き合いが多かったのが、中小企業でした。高性能のシュレッダーが入っておらず、専門の業者に廃棄を委託するほどまとまった文書もないからです。オフィスビルを中心に営業をかけたところ、徐々に取引先は増えていきました。リースで高額のシュレッダーを入れるよりも割安であることや、裁断の手間がかからないことなどが評価されたのだろうと思います。

取引先が広がれば知名度が上がり、協議会の加盟企業も増える好循環が生まれます。今では、加盟企業は北海道から沖縄県まで全国20社、取引先は中小企業を中心に６５００社に上り、合計50台の車両が年間約１００万トンの紙を集めてリサイクルするようになりました。直営の文書廃棄サービス、協議会加盟料、車両の販売・メンテナンスを合わせた当社の売り上げは、年によってばらつきはあるものの、平均すると年間1億４０００万円、売上高総利益率は約55パーセントです。

## サービスの規模と質の両立を狙う

**——全国展開となると、サービスの質の安定も必要ですね。**

どの企業にも同じ水準のサービスを提供できるように、努力を重ねています。例えば、

ISO／IEC27001認証の取得です。情報セキュリティマネジメントシステムの国際規格で、3年に1回、外部機関による更新審査を受けます。このほか、シュレッドマスター制度という独自の教育体系も整備しました。ISO／IEC27001認証にのっとった、情報の取り扱いとリサイクル手法に関する認定制度で、これがなければ文書廃棄に従事できない決まりにしています。

年に1回、加盟企業のシュレッドマスターを集めて講習会と意見交換会を開催し、サービスの見直しにもつなげています。文書廃棄ボックスの素材を見直して軽量化を図ったり、電子媒体のデータ消去に対応できる機器を搭載した新型車両を開発したりと、実現したアイデアは少なくありません。

料金体系も、現場の声を参考にして、従量制から定額制に切り替えました。定期的にお客さまを訪問したほうが、業務が平準化できて効率的だからです。お客さまにとっても、定額制のほうがわかりやすいですし、金額を気にせず思い切りサービスを利用できます。当社にとっても、売り上げが安定するようになりました。

こうしてみると、全国RDVシステム協議会は、取引量の拡大を、サービスの質の安定や向上に転換する仕組みといえます。

## ――今後の展望を教えてください。

ダイオキシン類対策特別措置法の施行から15年以上がたち、環境保護の意識はある程度定着した感があります。情報漏洩《ろうえい》に関しても、多くの企業がリスクを認識するようになりました。事業の必要性を伝えるのに苦労していた開業当初に比べれば、大きな変化です。

しかし、本場米国にはオンサイト・シュレッダーサービス用の車両が約８０００台あるのに対して、日本には１５０台ほどしかありません。情報保護市場の拡大と合わせて考えれば、開拓の余地は多分にあります。個人情報保護法の改正やマイナンバー制度の導入などにより、機密文書の管理に対する重要性は今後さらに増していきます。当社は、業界の先駆者として、業界標準を広め、業界全体の品質を高めていきたいと考えています。

### 取材メモ

同社の生産性を高めている要因は、三つある。第1に、協議会の運営を通じて業界標準をつくり、供給者によってサービスの質がばらつく「異質性」を排除した。第2に、役務の提供を客の目の前で行う「同時性」をあえて取り入れることで、情報漏洩リスクの低減を価値として見える化した。第3に、料金体系を定額制とすることで、年間を通じて業務量や売り上げに関する繁閑の波を減らした。

同業他社は、年に1～2回という限られたタイミングで文書をかき集め、まとめて溶解処理施設にもち込む。そのほうが効率的だと考えられてきたからだ。しかし、同社は、その常識を鮮やかに覆してみせた。

当研究所「小企業の経営指標・2015年度調査」によると、産業廃棄物処分業の従業者1人当たり売上高は1719万円だが、同社は2800万円と業界平均を上回る。同社はこれからも業界をリードしていくだろう。

（友山　慧太）

# 事例2 春夏秋冬成長する花火店

㈲ ウスザワ
代表取締役
**臼澤 貞夫**

**〈企業プロフィール〉**

［代 表 者］ 臼澤 貞夫（うすざわ さだお）
［事業内容］ 花火、おもちゃの販売
［創　　業］ 1908年
［資 本 金］ 300万円
［従業者数］ 13人（うちパート3人）
［所 在 地］ 長野県上田市上塩尻261
［電話番号］ 0268(24)8783
［U R L］ http://www.hanabiyasan.co.jp

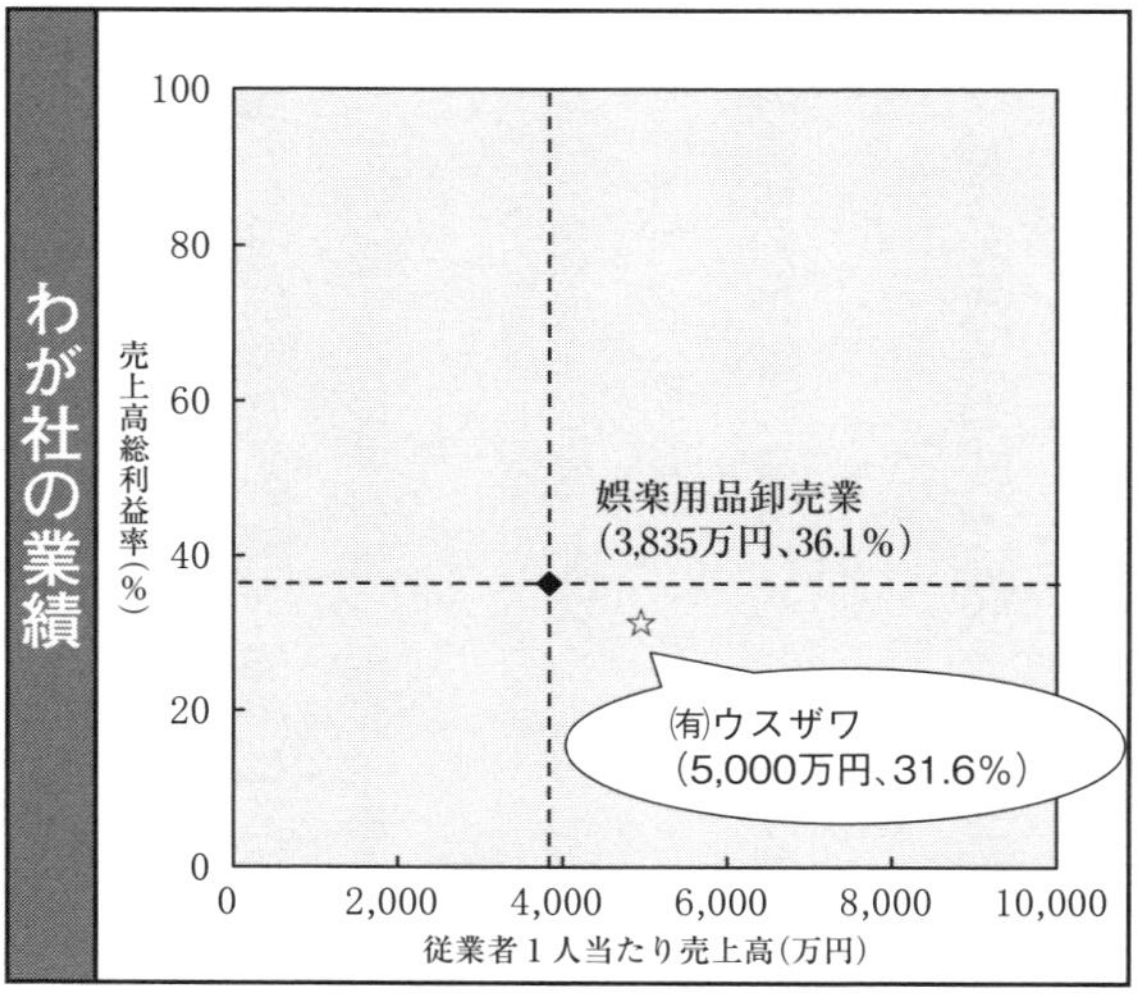


（注）従業者１人当たり売上高は、パート・アルバイトの人数を除いて算出している。

## BtoBからBtoCへ

**――社長は3代目だそうですね。**

初代はわたしの祖父です。１９０８年に反物の行商として創業しました。55年に2代目の父が会社にしました。わたしは70年から家業に携わっています。従業員は、部長である息子を含めて12人おり、うち３人がパートです。

法人化した当初は、上田市で生産されたおもちゃや線香花火などを、北陸や近畿、東京などの小売店に卸していました。なかでも線香花火は信州が三大産地の一つだったこともあり、たいへん人気でした。その後、輸入品など花火の種類が豊富になるにつれて扱う商品も増え、80年代には花火の卸売りを専業とするようになりました。

花火は、一般的に2種類に分けられます。一つは、線香花火やねずみ花火など自分で仕掛けて遊べる玩具用花火です。もう一つは、打ち上げ花火に代表される玩具用以外の花火で、日本煙火協会が認めた打ち上げ師でなければ上げることができません。当社はどちらも扱っています。

玩具用花火は、小規模な小売店に卸しています。取引先の要望に合わせて、仕入れた花火を組み合わせたパッケージをつくり販売しています。多いときには100社以上と取引していました。しかし、度重なる不景気や店主の高齢化、大手量販店との価格競争などから廃業が相次ぎ、取引先は10社にまで減ってしまいました。

**――大変でしたね。小売店が減ってしまっては消費者も困ります。**

卸す先が減るならば、自分たちで直接消費者に売ろうと考えました。当社は、複数の花火メーカーと長年取引をしているので、大量の注文にも対応できます。種類の豊富さでも、コンビニエンスストアやホームセンターに負けない自信がありました。また、花火は火薬を原料とするため、新規に参入する企業は安全な保管場所を確保したりするなど、さまざまな条件を満たしていなければいけません。当社では、専用の耐火倉庫を完備していたので、新たな設備投資の必要もありませんでした。

まず、ITに明るい若手1人を中途採用して、2006年にホームページ上に「eはなびやさん」という通信販売サイトをつくりました。インターネットショッピングが浸透してきたころでしたし、ITを利用すれば少ない投資で始められるからです。

このサイトでは、常時１０００種類前後の花火を扱っています。景品用やパーティー用など目的別に分類して紹介することで、選びやすくなるように工夫しています。ほかに、予算と目的別に花火を選べるようにもしました。線香花火からロケット花火までをひととおり楽しめるものや、国産の花火に特化したもの、音が大きいロケット花火の詰め合わせなどさまざまです。100円から3万円以上するものまで幅広い価格帯を設定しました。予算や人数、目的を入力してもらい、当社から見積もり提案をすることもできます。小売店に合わせて花火のパッケージを提案してきたノウハウが活きています。

会員ポイント制度を設け、購入時に貯めたポイントを次回の購入に使えるようにして、顧客の囲い込みも図っています。ｅはなびやさんの利用者は徐々に増え、年間約６０００万円以上を売り上げるまでになりました。通信販売が軌道に乗ったので、２０１１年からは実店舗での販売も始めました。

**――通信販売と比べて人手や経費がかかるのではないですか。**

負担を少なくするために、7月と8月のみ店を開くことにしました。夏休みシーズン以外は、花火を店に買いに来る人はほとんどいないからです。販売スタッフは、２カ月半のみアルバイトとして雇います。５月後半から６月にかけて新聞に募集広告を出しますが、足りない場合は従業員で補っています。

出店場所は、諏訪市や佐久市、松本市など県内15カ所です。オフシーズンの経費を浮かせるために、夏だけ空き物件を借ります。場所を固定することはできませんが、半面、前年の実績に基づいてより良い場所を検討できます。候補地は、３月ごろから社内で相談しています。車通りが多いロードサイドや、人が集まりやすい大型店舗の隣などが狙い目です。

幅広いラインアップが好評で、毎年たくさんの家族が来店します。お盆に帰省する孫のために訪れるお年寄りもいます。２カ月間で、通信販売による年間の売り上げを上回るようになりました。

小売り店舗の様子

# 冬でも売れる花火

## ――取引先の減少を、小売りへの進出でカバーしたのですね。

玩具用花火の売り上げは、卸売り一本のときから3倍以上に増加しました。ただ、ほかにも問題はありました。季節による繁閑の差が非常に大きく、売り上げが安定しないことが長年の課題となっていました。また、少子化や遊びの多様化、騒音や環境規制などから、花火を楽しむ子どもが減っており、今後、玩具用花火の市場が大きく伸びることは考えにくい状況でした。

季節を問わず売れて、かつ少子化の影響を受けにくい花火をつくれないか。当社では、農作物に近寄るイノシシやサルなどを驚かせて追い払う、鳥獣被害対策用のロケット花火を販売していました。年中使うものですが、待ち伏せする必要があるなど、改善の余地がありました。そこで、開発したのが「びっくらッカー」です。

びっくらッカーは、食べ物を乗せたプラスチックの箱に動物が触れると、内部に仕込んだクラッカーが大きな音を立てて追い払うという仕組みです。けもの道に置いておくだけで、見張りの必要はありません。通常のクラッカーよりも大きな音が出るようにしたほか、野外に置いておけるように防水加工も施しました。プラスチック製品を加工している会社に製造を依頼しました。県内には農林業を営む方が多いので、通年での売り上げが見込めます。

### ――打ち上げ花火も季節性が高そうです。

打ち上げ花火も、夏に最も引き合いが多くなります。ただ、もっぱらお盆のお祭りが中心だった以前に比べて、最近は地元の町おこしや学校のお祭り、結婚式など、打ち上げ花火が使われるシーンは多様化しています。そうしたイベントは冬でも開催されるので、需要を取り込めば業務の繁閑差を緩和できると考えました。比較的小規模なイベントでは、主催者が打ち上げ師の手配をするの

びっくらッカー

も面倒です。そこで、当社が打ち上げまでの一連の作業を引き受けることにしたわけです。品物としての花火だけではなく、打ち上げる行為までをパッケージ化し、付加価値を高めることができます。

もっとも、当社にしても打ち上げ師を常に雇っている余裕はありません。そこで、都度助っ人をお願いすることにしました。実は、世の中には趣味として打ち上げの資格をもっている人たちがいます。当社には、仕事で夏祭りなどに頻繁に参加するなかで、顔なじみが何人かいました。彼らのほうも普段は花火とはまったく関係ない仕事をしているので、花火会社を介さなければ、打ち上げを行うことができません。持ちつ持たれつの関係といえますね。打ち上げの依頼が入ると、必要な人数を割り出して都合がつく人に来てもらいます。日当は、経験に応じて1万5000円から3万円前後です。

打ち上げ師をさらに呼び込むために、日本煙火協会が定めた安全講習会の会場を提供しています。打ち上げ師は年1回の受講が義務づけられているため、県内を中心に毎年30人前後が参加します。当社にとっては、打ち上げ師との顔をつないだり、名簿を更新したりする機会になります。

一方で、打ち上げ花火の需要を開拓するために、営業も強化しました。息子を筆頭に従業員4人が、ホテルや結婚式場、イベント会社などを回り、提案営業をしています。また、当社のホームページに「花火でサプライズ」と広告を打って、個人の需要も集めています。プロポーズや誕生日のサプライズとして花火を打ち上げたいという依頼が増えるようになりました。

## 新たな分野へ

**――打ち上げ花火の販路も広がって、売り上げは安定したのですね。**

夏以外の花火の売り上げは徐々に増えていきました。打ち上げの工程まで含めて受託することで、打ち上げ花火の利益率を4割前後に上げることもできました。それでも、季節による売り上げの差は依然として大きく、花火だけでは限界を感じるようになっていました。とはいえ、成功するかどうかわからない新しい事業に大きな投資をすることには、不安があります。

そこで、おもちゃのインターネット販売を始めることにしました。おもちゃは販売時期が夏に偏らないので、閑散期の売り上げをカバーできます。通信販売であれば、eはなびやさんでの経験を活かすことができるので、新しく従業員を雇わずに対応することが可能です。実店舗をもたないため、販売の時期や量を調整して、夏は花火に重点を置くなどの加減ができます。

2015年に、当社のホームページ上に「eおもちゃやさん」を立ち上げました。アマゾンや楽天などの大手通信販売サイトにも登録しました。自社サイトでは、おもちゃの消しゴムやビンゴゲーム、ヨーヨーセットなど、学校や自治体のイベントで使うような商品を取り扱っています。一方、外部のサイトでは、テレビゲームやアニメのキャラクターグッズなどを販売しています。

おもちゃは流行の移り変わりが激しいうえに競合相手が多く、価格競争に陥りやすい側面があります。売れ残りを防ぐためには、流行やメーカーの在庫状況などを把握しておかなければなりません。当社では、おもちゃの見本市に足を運んだり、メーカーや問屋と連絡を密に取ったりしながら、仕入れ内容や販売時期を検討します。通信販売サイトを日々チェックして、他社で品切れになってから同じ商品を販売することもあります。

おもちゃにしても、花火と同様に少子化の影響は避けられません。そこで、2017年からは、大手のサイトを経由して、米国でもおもちゃの販売を始めました。商品は、現地の通信販売会社の倉庫に一括して送るため、都度の配送コストはかかりません。ホームページの管理などの手間も省けるので、少人数で対応できます。出足は好調です。

## ――効果はいかがでしたか。

季節による売り上げの偏りをならすことができました。おもちゃの利益率は花火に比べると低く、赤字になる商品もあります。それでも、花火という屋台骨を支えるには十分な利益をあげることができています。従業員数は12人と変わりませんが、おもちゃの販売を始めてから売り上げは１・５倍に増加しました。２０１６年度は６億３０００万円で、従業者１人当たりに換算すると約５０００万円になります。これは、花火やおもちゃなどの娯楽用品を扱う同規模の企業を大きく上回る水準です。

当社は、花火の卸売りから少しずつ領域を広げて成長してきました。これからも、現状にとどまることなく、今ある人材や設備を最大限に活かしていろいろなことに挑戦していきたいと思います。

## 取材メモ

同社は、花火の卸売りから小売りへ進出したほか、打ち上げという付加価値をつけて市場を広げた。おもちゃや米国という新しいジャンル・地域にも範囲を広げてさらなる売り上げ拡大を図った。しかし、やみくもに業容を広げたわけではない。花火の小売りでは、卸売りならではの豊富な品ぞろえを目玉にし、店舗や人手は夏のみ配置した。打ち上げは外部人材を活用した。クリスマスが書き入れ時となるおもちゃは、花火とのバランスを取りやすい。

当研究所「小企業の経営指標・2015年度調査」によれば、娯楽用品卸売業の従業者1人当たり売上高は平均で約3800万円、がん具・娯楽用品小売業では約2800万円と、同社の生産性の高さは明らかだ。花火業界を取り巻く環境は、けっして華やかなものではない。しかし、同社のような企業がある限り、わたしたちは花火を楽しむことができるはずだ。

（桑本　香梨）

# 事例3　地域に人を呼び込むアウトドアベンチャー

㈱ VILLAGE INC
代表取締役
**橋村 和徳**

〈企業プロフィール〉

[代 表 者]　橋村 和徳（はしむら かずのり）
[事業内容]　キャンプ場の運営
[創　　業]　2010年
[資 本 金]　2,475万円
[従業者数]　15人
[所 在 地]　静岡県下田市一丁目6－18 NanZ VILLAGE
[電話番号]　0558(25)1060
[Ｕ Ｒ Ｌ]　http://villageinc.jp

わが社の業績

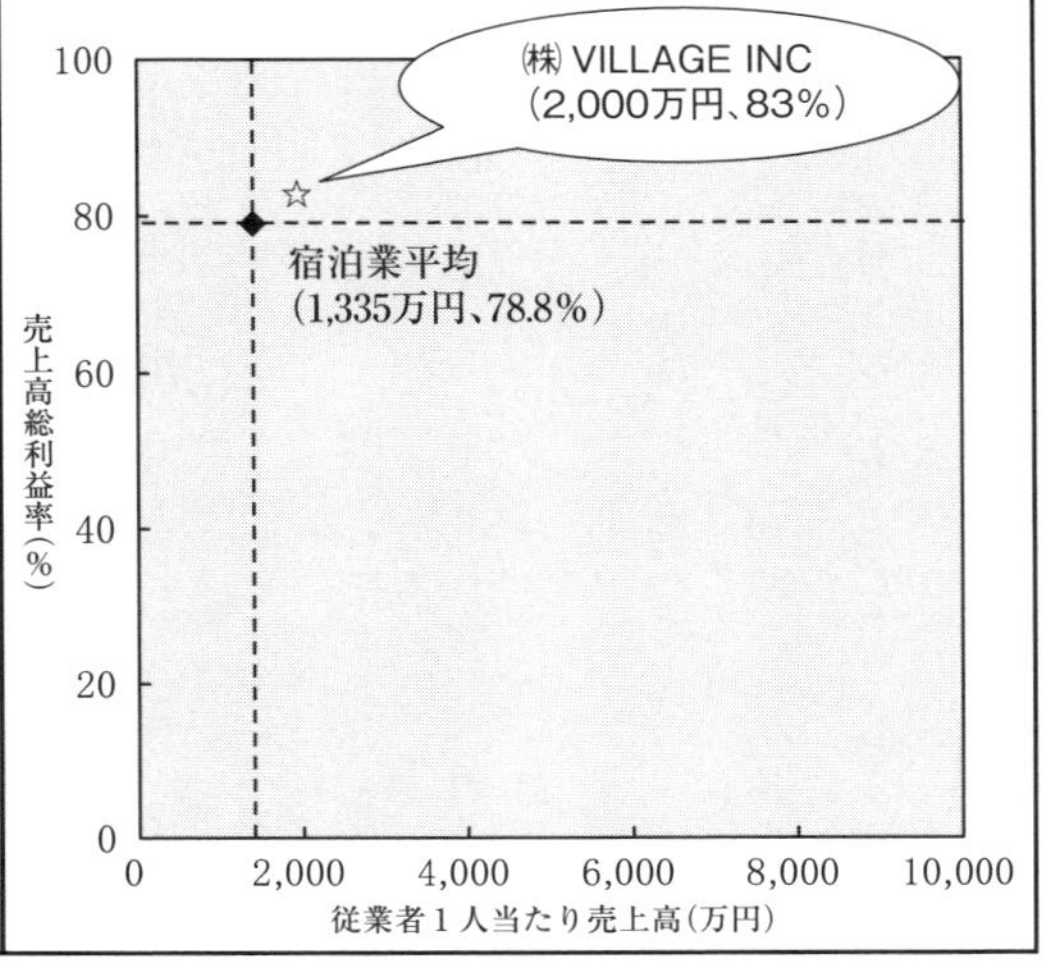

# 陸の孤島で楽しむキャンプ

## ――ユニークなキャンプ場を運営しているそうですね。

当社は、1日1組限定のキャンプ場を運営しています。その第1弾として2011年にオープンしたのが伊豆半島の西岸、静岡県西伊豆町の「AQUA VILLAGE」です。一方を海、残りの三方を山に囲まれたこのキャンプ場には、海から向かうほかありません。西伊豆町の田子漁港からモーターボートに乗り込み、海原を走ること約10分で現れる空間は、無人島を思い起こさせる「陸の孤島」です。

とはいえ、サバイバルを強いるようなものではありません。場内に水道やシャワー、トイレ、電源などのインフラが整っているだけでなく、テントや調理器具、食器などの基本的な装備は無料で借りることができます。また、有料でケータリングを頼んだり、レジャー用品、オーディオ機器などのレンタルサービスを利用したりすることもできます。寝袋一つで誰でも気軽に、陸の孤島でのちょっと優雅なキャンプを楽しめる。そんなわがままな願いをかなえてくれる特別な空間がAQUA VILLAGEなのです。

現地には、朝の10時から翌日の夕方5時まで滞在できるようにしているため、1泊でほぼ丸2日間、日常に追われることのない時間を満喫できます。のんびり過ごすもよし、シュノーケリングやシーカヤックで目いっぱい遊ぶもよし。海で魚を獲って食べることもできます。水平線に沈む夕日を眺めたり、たき火を囲んで星空を仰いだり、自然を堪能できることはいうまでもありません。野球のグラウンドほどの広さがある開放的な空間を生かして、ヨガ教室や音楽ライブ、ウエディングパーティーなどのイベントを自分たちで企画して楽しむお客さまもいます。

２０１２年には第2弾として、同じ西伊豆町の海岸沿いに「ＲＥＮ ＶＩＬＬＡＧＥ」をオープンしました。波打ち際に磯が広がるＡＱＵＡ ＶＩＬＬＡＧＥに対し、こちらは美しい砂浜が特長です。

「AQUA VILLAGE」

――聞いているだけでワクワクしてきますね。
**この事業を始めた経緯を教えてください。**

この事業を始める前、わたしはIT関連のベンチャー企業に勤務していました。立ち上げから関わり、営業部門長として約9年間、忙しい日々を過ごしました。その傍ら、休暇には友人や同僚を誘って、あちこちへキャンプに出かけてリフレッシュしていました。現在の事業のアイデアは、そのなかで徐々に膨らませていったものです。佐賀県唐津市で自然に囲まれて育ち、人一倍アウトドア好きなわたしにとって、いつかは実現したい夢といえるものでした。

2008年に中国市場の開拓を任されて上海に赴任し、汚れた空気にうんざりして過ごすうちに、起業への思いが募っていきました。温めていたアイデアを実行に移そうと決意した矢先に体調を崩したことも、起業への思いに拍車がかかるきっかけとなりました。

２００９年に退職して下田市に移住し、かねてから目をつけていた西伊豆町の土地を借りて営業準備に取りかかりました。一人で草を刈るところから始め、土を耕して芝を張り、個人事業主としてプレオープンにこぎつけたのが２０１０年、36歳のときです。

伊豆半島を選んだ理由はいくつかあります。豊かな自然はもちろん、都心から自動車で約３時間半という位置関係も魅力でした。普段の生活から離れて非日常への期待を膨らませるのに十分な距離がある半面、朝に出発すれば昼前には到着できます。キャンプ場の運営に必要な連携先があることもポイントでした。例えば、移動のための船など、すべてを自社で準備することは難しいからです。

１日１組限定にすることは、初めから決めていました。キャンプ場のなかには、ハイシーズンともなると人々でごった返すところもあります。わたし自身がそうした場所に嫌気が差し、ゆったり過ごせる秘境探しに夢中になった経験があります。

しかし、キャンプ場以外の場所でテントを張るには、所有者の許可を得る必要があるなど手続きが厄介です。誰に邪魔されることもなく自然を独り占めできる、そんなキャンプを手軽に楽しめるようにすれば、きっと多くの人を惹きつけられるという自信がありました。

## 付加価値の源泉は一人ひとりが味わう特別感

### ――広大な敷地に1日1組では、利用料がずいぶん高くなってしまいませんか。

料金の設定や予約の受付方法には独自の工夫をしています。

一般的にキャンプ場では1区画当たりの利用料金を設定することが多いのに対し、当社では1人当たり税抜きで1泊1万5000円としています。そのため、少人数でも利用しやすく、稼働率が上がります。もっとも、開業当初は2人客が予想よりも多く、採算が合いませんでした。そこで現在では6人からの利用としています。

予約方法も見直し、3カ月タームでの受け付けとしました。例えば、10月から12月の利用分については、8月初旬に先行予約期間を設け、予約が重複した場合には抽選を行って決定しています。

一方、40人以上の団体での利用を確約できる方については、この予約スケジュールによらず、年間を通して先着順で受け付ける仕組みを採っています。現在、1組当たりの平均人数は、約30人となっています。

週末は常に予約でいっぱいで、特に夏場のハイシーズンには平日を含めて連日予約が入り、抽選倍率が50倍近くになる日もあります。

**――繁忙期には割増料金を設定するキャンプ場も多いと思います。御社はどうですか。**

年間を通して均一料金としています。理由は大きく二つあります。

一つは、当社には団体客が多いためです。同僚や友人、サークルの仲間同士など、皆で誘い合ってきてもらうには、単価があまり高くてはいけません。人数が集まらず、企画が立てにくくなってしまいます。それで少人数客の割合が増えてしまえば、当社の売り上げにとってもマイナスです。

仲間とのいっそう固い絆が生まれる、キャンプはそういう場でもあります。一人でも多くの人と誘い合って遊びに来てもらいたいと思っています。

もう一つは、せっかく日常を離れて楽しむキャンプだというのに、平日ならもっと安かった、などと損をした気分にさせてはもったいないと考えるからです。出発前からワクワクし、童心に帰って楽しみ、仲間との思い出をつくる。お客さまはそうしたことに魅力を感じてキャンプに来ます。

その価値は、週末か平日かによって変わるものではないでしょう。また、キャンプには四季折々の楽しみがあり、優劣をつけがたいというのがわたしの考えです。

もっとも、1月から3月中旬にかけては、この地域は特に風が強く、テントを張るのが難しい日が多くなります。そのため、この時期はキャンプ場を全面休止にして大がかりなメンテナンスを行うこととし、効率的な運営を図っています。

## 多角化とプロデュース事業でブランドを強化

**――天候だけは自分の力ではどうにもなりませんからね。**

シーズン中であっても、台風などの悪天候で営業できない日もあります。当社では、売り上げの安定を図るために、二つのことを主に行っています。

一つ目が、テントやタープなどの販売です。タープとは日除けや雨除けのために張る布のことです。ベルギーにあるキャンバスキャンプ社の製品の独占販売権を取得しており、昨今のアウトドアブームを背景に、他のキャンプ場運営会社への販売が伸びています。

二つ目が、２０１５年にオープンした商業施設「ＮａｎＺ ＶＩＬＬＡＧＥ」の運営です。産直市やビアガーデンなどを開ける広場を中心に、雑貨店などが入居するテナントスペース、当社オフィスと直営レストランを配した施設です。伊豆急下田駅から徒歩５分ほどのところにあります。

ここには以前、まちの歴史を色濃く残していた旧南豆《なんず》製氷所がありました。取り壊しが決まった際、オーナーに跡地活用の企画を持ち込み、実現したものです。温泉旅行などでまちを訪れた人が気軽に立ち寄れるため、多くの人に当社を知ってもらううえでも役立っています。

レストランは、当社のキャンプ場に届けるケータリングの調理拠点としても機能しています。当初は提携する飲食店にケータリングを外注していましたが、内製化することでメニューの充実と収益アップにつなげました。

「NanZ VILLAGE」

**――同様のコンセプトでキャンプ場などの施設を展開できる場所が、全国にはまだまだありそうです。**

そうですね。実際、遊休地のオーナーなどから声がかかるようになり、いくつかの施設が生まれています。

2016年には、伊豆半島東岸の今井浜海岸にある老舗旅館と提携して、貸し切りにできる海の家を開きました。1階はバー、2階はテラスになっており、パーティーやビーチウエディングなどに利用されています。2017年には、南伊豆町の森の中にキャンプ場をオープンしました。

県外からも問い合わせが入るようになっています。もっとも、直営のキャンプ場を県外に広げていく考えは今のところありません。運営コストを踏まえれば、拠点間でスタッフを融通し合える伊豆半島だからこそメリットがあるためです。

県外については、プロデュース形式でキャンプ場を展開しています。オーナーから相談を受けた当社が、現地の事業者を募って両者を結びつけ、運営ノウハウを提供するものです。事業者には、当社で3カ月間研修を受けてもらっています。2016年には長野県松本市、2017年は石川県珠洲市で、当社パートナーのキャンプ場が生まれました。

## ――成果はどうですか。

２０１５年度に９０００万円弱だった売り上げは、２０１６年度は2億円、２０１７年度は3億円へと伸びてきています。

設備に多額の資金をかけずに地域に人を呼び込むキャンプ場運営には、自治体も注目しているようです。わたしの地元・唐津市にある県立公園でもリニューアルに当たってキャンプ場を全面改装することが決まり、当社が運営のアドバイスを行っています。

キャンプ場の運営を軸としつつ、地域に貢献することを、これからのミッションととらえています。遊休地などを活用して人が集まる場をつくり、仕事をつくる。そのノウハウを各地に伝え、地域で活躍できる人材を育てていきます。開業前に描いた夢は、形を変えて大きく育っています。

**取材メモ**

２０１５年ごろからグランピングが話題になり、あらかじめ設置されたテントやコテージで、一流ホテル並みのもてなしを受けられる施設も増えている。

同社のキャンプ場は、グランピングと通常のキャンプの中間をうまく突いている。ひととおりの設備が整っており快適に過ごせる一方、テントを張るのも火を起こすのも客自身。もてなしはなくとも、自然を独り占めにしてわがままに遊べる特別感が人々を惹きつける。

団体客をメインとするビジネスモデルにも特徴がある。年間の稼働日数は限られる。1日1組で収益をあげるために、1人当たりの料金設定とし、予約方法を工夫するなど、大人数を呼び込む仕掛けを組み上げた。設備によって収容人数の上限が決まる旅館や多くのグランピング施設では採れない戦略だ。

当研究所「小企業の経営指標・2015年度調査」によると、宿泊業の従業者1人当たりの売上高は平均で約1300万円となっている。同社は2017年度に約2000万円の実績をあげ、足元でも伸長を続けている。誰も目に留めなかった遊休地、なじみ深い業種。そこから独創的なビジネスを生んだ同社の成功は、有望なビジネスチャンスが眠るフロンティアがまだまだ身近にあることを教えてくれる。

（渡辺　綱介）

# 事例4 子どもの成長に寄り添う写真スタジオ

クッキーナッツ・スタジオ ㈱
代表取締役
**稲次　寛**

**〈企業プロフィール〉**

［代 表 者］ 稲次　寛（いなつぐ ひろし）
［事業内容］ 写真スタジオ
［創　　業］ 1953年
［資 本 金］ 300万円
［従業者数］ 12人（うちパート6人）
［所 在 地］ 神奈川県川崎市川崎区境町11－21
パワーハウスBS10階
［電話番号］ 044（221）1729
［ＵＲＬ］ http://cookie-nuts.com

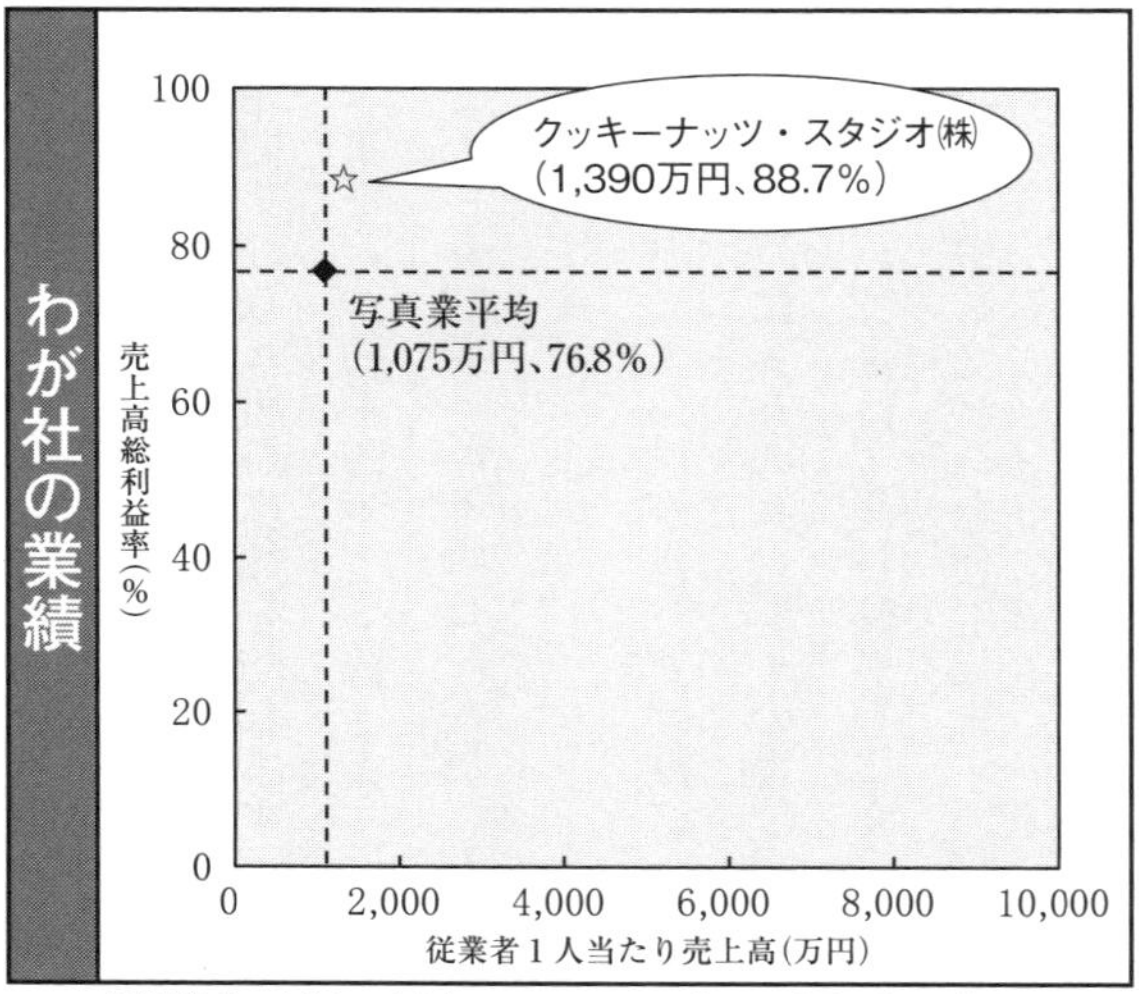


（注）従業者１人当たり売上高は、パート・アルバイトの人数を除いて算出している。

# 天空の写真スタジオ

## ――どういった人が集まりますか。

当社は子連れ家族でにぎわう写真スタジオです。年間１５００組が当社を訪れます。撮影目的は、七五三が半分、お宮参り、誕生日、入学、卒業などが約1割ずつで続きます。最近は成人式の晴れ姿を収めに来る人も増えています。子どものときに来店した人が、カメラマンだったわたしのことを覚えていて、また来てくれるのです。

撮影はスタッフ３人で進めます。１人がカメラマン、他のスタッフが盛り上げ役になって被写体の笑顔を引き出します。約１５０枚撮影した後、お気に入りの写真をその場で選んでもらいます。一連の所要時間は約2時間です。出来上がった写真は、後日郵送します。

ほとんどのお客さまが、アルバム作成がセットになった撮影プランを利用します。収める写真の枚数やアルバムの大きさなどにより、プランは全部で約40種類、価格は3万円台から20万円台までさまざまです。例えば、20枚入りのアルバムですと5万６０００円、52枚入りは15万円といった具合です。

アルバムに使う写真のデータは、一律2万円で販売しています。20カットでも52カットでも同額にしていますので、現像する写真の枚数が多い、つまり高価なプランほどお得になります。

客単価は撮影目的ごとに違っていて、七五三なら約10万円、お宮参りなら約5万円です。平均すると約6万円で、これは業界平均より1万円ほど高いようです。

**――もともと子どもをターゲットにしたスタジオだったのですか。**

当社はもともと、銀塩フィルムの現像を行うDPE店でした。祖父が1953年に創業し、わたしは3代目に当たります。1995年に父から経営を継いだときは、川崎市の小田銀座商店街に店を構え、家族4人で切り盛りしていました。

当時も撮影サービスは手がけていましたが、店の2階にロールバックで仕切った小さなブースを設け、照明器具を置いた簡素なスタジオを用意しているだけでした。その頃の年商は2900万円。このうち撮影の売り上げは2割にも満たなかったと思います。

デジタルカメラの普及に伴い、現像の需要は減る一方でした。このままではじり貧になってしまう。こう考えたわたしは、2002年に現像サービスをやめて、撮影に特化することにしました。撮影はＤＰＥや物販に比べて利益率が高いからです。タウン誌に広告を掲載し、七五三や入学、卒業記念の撮影を案内したところ、子連れ家族の来店が増えていきました。しかし、子どもはじっとしていられず、泣きだすことも多く、撮影はうまく進みませんでした。

**――子ども相手ならではの問題ですね。どうしたのですか。**

泣きやまない子を撮影していたときです。ひょっとしたら狭くて暗いスタジオを怖がっているのかもしれないと思い、外での撮影を思いつきました。さっそく公園に連れて行くと予想どおりで、その子は泣きやんだばかりかはしゃぎだし、飛び切りの笑顔をレンズに向けてくれたのです。躍動感あふれる写真の出来栄えに、ご両親はとても喜んでくれました。

この経験を機に、当社は屋外での撮影ができる点をアピールしていきました。撮影現場を通りがかった人が興味をもってくれたのでしょうか、口コミでお客さまが増えていき、多いときには２カ月間で５００組を超える家族が訪れるようになりました。川崎市内のほか、隣の大田区や世田谷区から来る家族もいます。こうして、当社は子どもが主役の写真スタジオに生まれ変わったのです。

お日さまの下での撮影は、撮るほうも撮られるほうも楽しいものです。自然光を最大限に生かした撮影をスタジオでもできないかと考えていたところ、２００９年、今の店舗にたどり着いたのです。

**――それがここ、10階建てマンションの最上階ですね。**

スタジオ業界には、光量を安定させるため、北向きの部屋を選ぶセオリーがあります。日差しが入り込むスタジオは異例です。さらに40坪あるフロアを改装し、階段のある部屋や欧州の城をモチーフにした部屋など、趣の異なる九つのブースを用意しました。おむつ替えや授乳ができるスペースも整えました。

最寄りの川崎駅から徒歩15分ほどの住宅街にある空中店舗に、人が集まるのかと疑問に思われるかもしれません。実は以前から当社は、写真を広告に使わせてもらう代わりに、無料のカットを撮影するキャンペーンを行っていました。これらの写真を使い、地元の商業施設の一角で時折写真展を開いていたこともあり、この辺りではちょっと知られた存在でした。自然光を生かした写真を撮るスタジオとして他社との違いが明確だったことから、きっとお客さまは来てくれる。わたしのその判断は、間違いではなかったと思っています。

# 顧客生涯価値を高める

**――リピーターも多いそうですね。**

すべてのお客さまに対して四半期に1回、手づくりの新聞を送ります。ここでは当社が企画した衣装展や、撮影モデルの募集などの情報を発信しています。

また、当社はお客さまと一生の付き合いをしていきたいと考えていますので、子どものライフイベントに合わせて、個別のダイレクトメールを送っています。

当社は店舗移転の際、顧客データ管理ソフトを業界でもいち早く導入しました。住所や家族の年齢、アルバムに使ったデータなどをひも付けて一括管理できるものです。これまでに当社を訪れた延べ2万人の情報が詰まっています。いわば、当社の大切なアルバムです。

このソフトを使うと、「来月10歳の誕生日を迎える子どもがいる人」などといった条件で、顧客リストがつくれます。ライフイベントごとに顧客リストを作成し、タイミング良く撮影の案内をしますから、ヒット率が高まります。送付先の約3割が来店します。

繰り返し来店してくれるお客さまとの会話はとても弾みます。前回の撮影データを見れば、子どもの成長が一目瞭然だからです。同じポーズで撮ってみようか、同じ衣装を着てみようかなど、お客さまと一緒に構図のアイデアを考えていきます。

また、前回利用されたプランの記録も残っているので、最適なプランの提案も可能になります。例えば、七五三のアルバムはお宮参りと同じデザインにしようか、10歳の節目の誕生日は豪華なつくりにしようか、といった具合です。

**――いち早く家族と接点をもつことが重要になると思いますが、何か工夫していることはありますか。**

二つあります。一つは、２０１１年に始めたマタニティフォトです。おなかを出した妊婦の姿を撮影するものです。最初はお客さまの反応を探るために、無料サービスとして始めました。撮影のペースやプライバシーの配慮など、利用者の意見を聞きながらサービスを改善し、正式に有料プランとして開

顧客データ管理ソフトで作業する稲次さん

始したところ、1年目に260組の利用がありました。マタニティフォトでは、母親が主役です。美しい姿を収めるために、美容師の免許をもつ従業員を2人雇い、ヘアメークを充実させました。

この美容サービスが二つ目の工夫です。というのも、親は子どもが生まれると、自分の容姿のことは後回しになりがちです。撮影のときも、子どもの身だしなみは気にしても、自分のことは二の次、という人が多くいます。そこで当社は、子どもだけでなく、ご両親の身だしなみも整えるサービスを提供しています。価格は少し高くなりますが、育児にかかりきりでメークの時間が取りにくい若い親御さんからたいへん喜ばれています。

撮影はデジタルカメラで行いますから、フィルムと違って枚数に制約はありません。主役だけでなく脇役の親御さんからもすてきな表情を引き出し、カメラに収めていきます。動き回る子ども相手の屋外撮影を経験していたので、スタジオではわたし自身が動き回ることで、限られた時間内に多彩なカットを撮影しています。

他方で、近年はレンズの性能が向上し、細かな部分も写り込んでしまいます。したがって、撮影後は補正作業をすることになります。当社では、あえて銀塩カメラ用のオールドレンズを使って撮影することがあります。最新のデジタル一眼レフカメラ用のレンズに比べ性能は劣りますが、写真に必要なのは精度ではありません。むしろ、ぼけ味のあるほうが、味わい深い仕上がりになります。当社からすれば、補正の時間が減るので、撮影時間を長く取ることができます。

## 思い出を形に残す

**――カット数が多いとどの写真をアルバムにするか悩みますね。**

誰でも自分の子どもはかわいいものです。そのうえ、出来栄えが良く、バリエーション豊かな写真があれば、お客さまが欲しがる写真は増えます。選ぶアルバムは大きくなりますし、全データの購入も増えるわけです。

わたしは、やはり写真は現像したりアルバムにしたりするほうがよいと考えています。店舗を移転する前、自分が撮影した写真のその後が気になって、何人かのお客さまのお宅を訪問したことがあります。うれしいことに、皆さんが部屋の見やすい位置に写真を飾ったり、すぐ手に取れるところにアルバムを置いたりと、大切にしていました。

データだけもらっても、お客さま自身が編集やアルバム作成を行うことは少ないと思います。データがハードディスクのなかで眠ってしまうのはもったいないことです。形にして残すことで、写真の価値は最も高まると考えています。

## ――今後の展望を教えてください。

店舗移転後、当社の売り上げは9年連続で2割ずつ増え、2017年6月期は8300万円を超えました。売上高総利益率は88・7パーセントと業界平均に比べて高いです。今ではわたしと妻のほか、正社員は4人に増えました。空中店舗でかつ多くのブースがあるめずらしさから、隠れ家のようなスタジオとして注目され、同業者が視察に来ることもあります。

欧州にある古いホテルをイメージした新店舗

2018年1月には、市内に新店舗「bonbon」をオープンしました。こちらは南向きの路面店です。１６００万円かけて欧州の古いホテル風の内装に仕上げました。ここでは２時間の貸し切り制で撮影を行い、撮影後は壁にスライドショーを映しながら写真を選んでもらいます。大きく映し出されるわが子の姿を見て、感動のあまり涙するお客さまもいます。

新店舗での撮影は、本店で育成した若手カメラマン２人に任せるようにしています。当社の将来を担う、若くて優秀な人材を見つけるため、近くの大学で開かれた会社説明会でプレゼンテーションの機会をもらい、そこで出会った新卒の２人です。

カメラマンには、芸術的なセンスは確かに必要ですが、それ以上に、時間管理ができたり、気配りができたりといった社会人としての基本的な素養をもっていなければ、ファンはつきません。

これからは、お客さまの成長とともに、スタッフの成長も見つめていきたいと思います。

**取材メモ**

同社の高い生産性は、顧客数、撮影機会、客単価の三つを高める取り組みによるものだ。

顧客数については、無料の撮影サービスを生かした写真展の開催や、マタニティフォトサービスが挙げられる。撮影機会については、定期的な情報発信と顧客の成長に合わせたダイレクトメールがある。積み上げてきた顧客データは、他社にはない武器である。アルバム作成を基本とした料金プランや美容サービスは、客単価と顧客満足度を同時に高めている。

当研究所「小企業の経営指標・2015年度調査」によると、写真業の従業者1人当たり売上高は平均1075万円だが、同社は1390万円と3割近く上回る。売上高総利益率は88・7パーセントと業界平均より11ポイント高い。

同社が高付加価値を生み出している根底には、顧客に寄り添いたいと考える稲次寛さんの一貫した姿勢と、訪れる家族の笑顔があった。

（山崎　敦史）

事例5

# とびきりのコーヒーを多くの家庭に届けるために

さかもとこーひー㈲
代表取締役
**坂本 孝文**

〈企業プロフィール〉

| | |
|---|---|
| ［代 表 者］ | 坂本 孝文（さかもと たかふみ） |
| ［事業内容］ | コーヒー豆の販売 |
| ［創　　業］ | 1982年 |
| ［資 本 金］ | 300万円 |
| ［従業者数］ | 5人（うちパート2人） |
| ［所 在 地］ | 千葉県千葉市中央区生実町1605－4 |
| ［電話番号］ | 043(263)4703 |
| ［Ｕ Ｒ Ｌ］ | http://www.sakamotocoffee.com |

わが社の業績

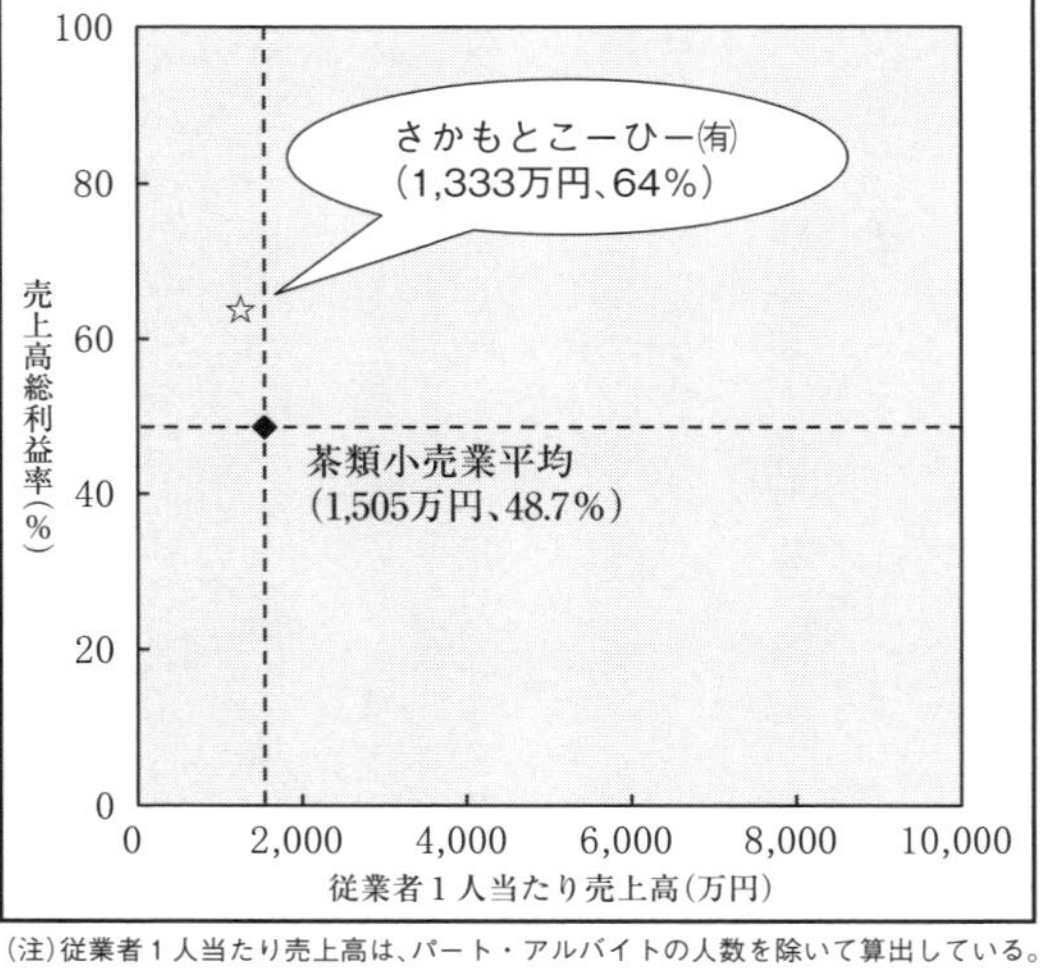


(注)従業者1人当たり売上高は、パート・アルバイトの人数を除いて算出している。

# 地域に根差すコーヒー職人

## ——良い香りがしますね。

当店は千葉市内のニュータウン、おゆみ野のまち外れにあるコーヒー豆の販売店です。扱っているのはスペシャルティコーヒーといわれるもので、栽培の段階から適正に品質管理された完熟した実の種子のみを使い、焙煎でその魅力を引き出した高品質の豆です。

当店の豆で淹れたコーヒーの最大の特徴は、爽やかできれいな味わいにあります。のどを通った後の余韻がとてもすっきりとしているのです。試飲のコーヒーを一口飲んだ多くの方が、今まで飲んでいたコーヒーの雑味に気づいて驚いた表情をします。

さすがにプロが淹れると違いますね、と褒めていただくこともありますが、実は、試飲してもらっているのは市販のコーヒーメーカーで淹れたものです。

完成度の高い豆であれば、誰でもおいしく淹れられる。そのことをぜひお伝えしたいと思い、あえてそのような方法をとっているのです。決め手となる焙煎は、毎朝、わたしと息子が行っています。

## ——顧客には、もともとコーヒー通の方が多いのですか。

初めて専門店で豆を買うという方もたくさんいます。店頭販売のほか、ホームページから通販も行っているので、遠方のお客さまも増えてきている一方、当店には地元のお客さま、特に主婦が多く、女性客が全体の約7割を占めています。

お客さまと話していると、刺激になることがたくさんあります。例えば、好みを尋ねると「普通のコーヒーはないのかしら」と言う方が少なくありません。専門店の主人としては苦笑したくなる瞬間ですが、それはそれで斬新なアプローチだと気づかされるわけです。厳選した生豆を使うスペシャルティコーヒーでは、特徴の際立った一杯を生み出そうとするのが常道です。「とびきり普通においしいコーヒー」をつくろうとはまず考えません。

その気づきから生まれたのが、今では人気商品

になった「ブラジル・クラシクス」です。つき合いのあるインポーターに相談して豆を探すところから始め、数年がかりでたどり着きました。

**――変わった名前のブレンドもたくさん扱っていますね。**

和菓子にぴったりの「ゆすらカフェ」、大好きなバンドの楽曲から連想した「ターナー」など、毎月のように新しいブレンドを発売しており、単一豆の商品と合わせて常時20種類ほどをそろえています。

なかでも人気があるのは、季節のブレンドです。和菓子には季節感があって、わたしたちの生活に根づいていますよね。コーヒーもそういう存在になりたいという思いを込めて、15年以上取り組んでいるものです。夏へ向かう季節をイメージした「夏への扉」、ワインの後にも合うクリスマスシーズンの「イルミネーションカフェ」などです。初秋から厳冬へと澄んでゆく夜空を表現した「ベラ・ノッテ」では、季節が移ろうのに合わせて豆の配合を少しずつ変えるひと手間を加え、味わいの変化を楽しんでもらっています。

コーヒーのラインアップを見て、今年も夏が来たね、などと言葉をもらうことが増えており、少しずつ皆さんの生活に浸透している実感があります。

# 20歳代に始めた喫茶店を断念

**――創業以来、コーヒーで地域の暮らしを彩ってきたわけですね。**

実は、１９８２年にわたしが初めて開いた店は、紅茶専門の喫茶店でした。喫茶店のマスターという職業に憧れていたわたしは、学校を出てフルーツパーラーに2年間勤めた後、開業前の5年間は、当時まだ数が少なかった紅茶専門店で修業をしていました。探究心が強い性分で、暇があれば飲食業界の専門誌を読み、お金があれば洋食でも和食でも、ジャンルを問わず一流といわれる店を食べ歩いて味覚を鍛えていたものです。

そして27歳で独立し、千葉駅近くのオフィス街に「紅茶の店 テ・カーマリー」を開きました。丁寧に淹れる本格派の紅茶と手づくりのケーキが売りで、昼どきはＯＬなどの女性客でいつも盛況でした。

**――人気店だったのですね。**

遠くから通ってくれる熱心な紅茶ファンもいました。しかし、昼どきを過ぎれば客足は鈍り、実情は苦しいものでした。

当時はとにかくおいしいものを届けたい一心でした。ストレートティーやミルクティーのほかにも、ハーブティーには庭で育てたミントを朝摘みし、紅茶のお供にはオリジナルのケーキを10種類以上考案。ケーキはテークアウトでも販売しましたが、1日に焼ける数には限りがあり、大きな利益にはつながりませんでした。

営業時間の終了後にはコーヒーの自家焙煎も始めました。注文は日に数杯でしたが、手網で焙煎してお客さまに出すうちに、その奥の深さに惹かれていきました。

しかし、紅茶もコーヒーも、喫茶店も小売りも、と手がけるなかで日々の忙しさは増していきました。半面、売り上げはさほど伸びず、苦しくなるばかりでした。このままでは将来が見えない。何を取り、何を捨てるか、決断が必要でした。

そして92年、10年間続けた喫茶店を閉めることにしたのです。コーヒー豆の販売を選んだのは、紅茶に比べて市場が大きく、喫茶店で提供するよりも多くの人に飲んでもらえると考えたからです。自宅のガレージを改装して焙煎機を入れ、妻と二人、93年に宅配中心の店として再出発しました。

# やらないことの見極めを徹底

## ――常連客がつくまで大変だったのではないですか。

近隣の事務所にポットを持ち込んで試飲してもらったり、住宅街をポスティングして回ったりしましたが、反応はいまひとつでした。そもそも、豆を挽いてコーヒーを淹れる習慣がある家庭は限られます。その魅力を知ってもらうことから始める必要があったのです。

効率と効果を考え、二つのことに絞って取り組んでいきました。新規顧客をつかむためのコーヒー教室と、リピーターをつかむためのＤＭです。

コーヒー教室は無料で行っています。暮らしのなかでコーヒーを楽しむイメージを膨らませてもらうことを主眼に、約2時間、コーヒーにまつわるお話をしながら数種類のコーヒーを淹れ、参加者が持ち寄ったお菓子と合わせて楽しんでもらいます。

回を重ねるほど輪は広がり、お客さま宅でのお茶会、小中学校や幼稚園の保護者会、公民館が主催する講座などに呼んでもらうことが増えてきました。保護者会は子育て世代、公民館の講座はシニア層が多く、幅広い世代の方々に出会える貴重な機会です。現在は年に数十回のペースで行っています。

DMは、初めて購入のあったお客さまへのサンキューレターと、常連の方に送る当月のコーヒーのご案内の2種類があります。常連の方でも何かの拍子に注文が途絶えると、そのままになってしまうものです。お客さまの暮らしに浸透できるよう、毎月欠かすことなく1000通以上を発送しています。

そうして地域のお客さまが増えるにつれて、口コミが注文につながるケースも出てきました。このまちに引っ越してきたある方は、どの家に招かれてもおいしいコーヒーが出てくるのに驚き、友人に当店を紹介してもらったそうです。

また、ホームページのコラムを読んで興味をもってくれる方も多いようです。「プロのつぶやき」と題して週に1回、新しいブレンドのイメージや味わい、焙煎の技術についてな

出張して行うコーヒー教室

ど、わたしが日々考えていることを書きつづっているものです。99年から続けており、すでに900回を超えています。

**――コーヒー教室、DM、コラムとかなり手間をかけていますね。**

一方で、わたしにできる仕事量と人手は限られるため、何を捨てるかという視点で経営を考えることも忘れないようにしています。

例えば、販売面で決めていることが、三つあります。一つ目が、量り売りをしないことです。この業界では100グラム単位で量り売りをする店も多いですが、注文が増えてくると煩雑です。当店では250グラムのパッケージを基本にしています。

少量ずつ量り売りをする代わりに、2パック以上購入する場合に割り引くことで、いろいろな味を楽しめるようにしています。約10グラムで1杯分なので、夫婦で飲めば2パックでも1カ月弱で飲み切る量です。おかげさまで、当店ではほとんどの方から2、3パックをセットで注文いただいています。焙煎も一定量をまとめて行えて効率的です。

二つ目は、複雑な値段設定をしないことです。大半の商品の値段を250グラム入りで1500円にそろえています。当然、ブレンドごとに原価は異なるのですが、個別に値段をつけていては煩雑です。何より、お客さまが値段に気を取られてしまい、コーヒーを選ぶ楽しみが半減してしまいます。

三つ目は、セールを行わないことです。コーヒー豆は空気を抜いて冷凍保存すれば3カ月もちますが、あまり古くなれば風味が落ちます。そのため定期的に注文していただくのがよく、それが当店の業務の平準化にもつながります。また、セールで得たお客さまは定着しにくいものです。

**――現在の店舗に移ったのが10年ほど前でしたか。**

お客さまと会話をしながら販売できる場所をもちたいと思い、２００８年にこの店舗を設けました。最寄り駅から徒歩で10分ほどの距離があるため、ふらっと立ち寄るには不便なのですが、メリットもあります。興味をもってわざわざ足を運んでくれる方は、常連になる方が多いのです。高い家賃を支払って繁華街に出店するだけが策ではない、そう考えてこの場所を選びました。

初めは店頭で話をしながら購入し、味の好みや楽しみ方がわかってきたら通販でも、というお客さまがたくさんいます。

## ――今後も楽しみですね。

定期的に注文があるお客さまは着実に増えてきており、現在は２０００人ほどとなっています。年商は約４０００万円です。同じような規模の販売店では１０００万円前後の店が多いようです。地域を基盤に、できることを積み重ねてきた成果だと思います。

２０１６年の春には息子が従業員として加わり、わたしの下で焙煎やカッピングを勉強しています。カッピングはワインのテイスティングに当たるもので、素材の品質や焙煎の良しあしを客観的に見極めるうえで欠かせない技術です。

独立を目指す方など、毎朝行っている焙煎を遠方から見学に来る方もあり、有料で解説とカッピング指導を行っています。毎朝の焙煎、コーヒー教室、コラムの執筆に後進の育成とやることは盛りだくさんです。現在62歳、これからの10年が一番楽しいと思ってやっています。

## 取材メモ

奥さんと現在の事業を始めて24年。途中、ご近所の常連さん2人をパート従業員に迎え、一歩一歩、年商約4000万円をあげるまでに店を育ててきた。家族中心の小所帯で経営する同店の生産性は業界内でもきわめて高い。

高い付加価値を生みだすための仕組みの一つが、店主の坂本孝文さんが地域で開く無料のコーヒー教室である。コーヒーの魅力を語り、家庭でゆったりコーヒーを楽しむ文化を地域に育むと同時に、参加者の声を拾い、新たな商品づくりに生かす。季節のブレンドなど、いつ訪れても新しいコーヒーに出会える楽しみが同店にはあり、常連客を惹きつけてやまない。

コーヒー教室や焙煎に注力できるのは、他方で効率化を図っているからだ。コーヒー豆の小売りに絞り、量り売りをしないなどの販売面の工夫により手間やコストを削減している。

何に手をかけ、何を捨てるか。限られた資源を効果的に配分し、高い生産性を実現している同社は、新たに息子さんも加わり、ますます活気づいている。地域の愛される店を次代につなぐ形が見えてきている。

（渡辺　綱介）

# 事例6 ありそうでなかった運転手付きのトラックレンタル

㈱ハーツ
代表取締役
**山口 裕詮**

**〈企業プロフィール〉**

［代 表 者］ 山口 裕詮（やまぐち ひろあき）
［事業内容］ 運送業
［創　　業］ 1993年
［資 本 金］ 1,300万円
［従業者数］ 15人（うちパート3人）
［所 在 地］ 東京都品川区南大井5－12－3
［電話番号］ 03(5762)0072
［U R L］ https://www.rentora.com

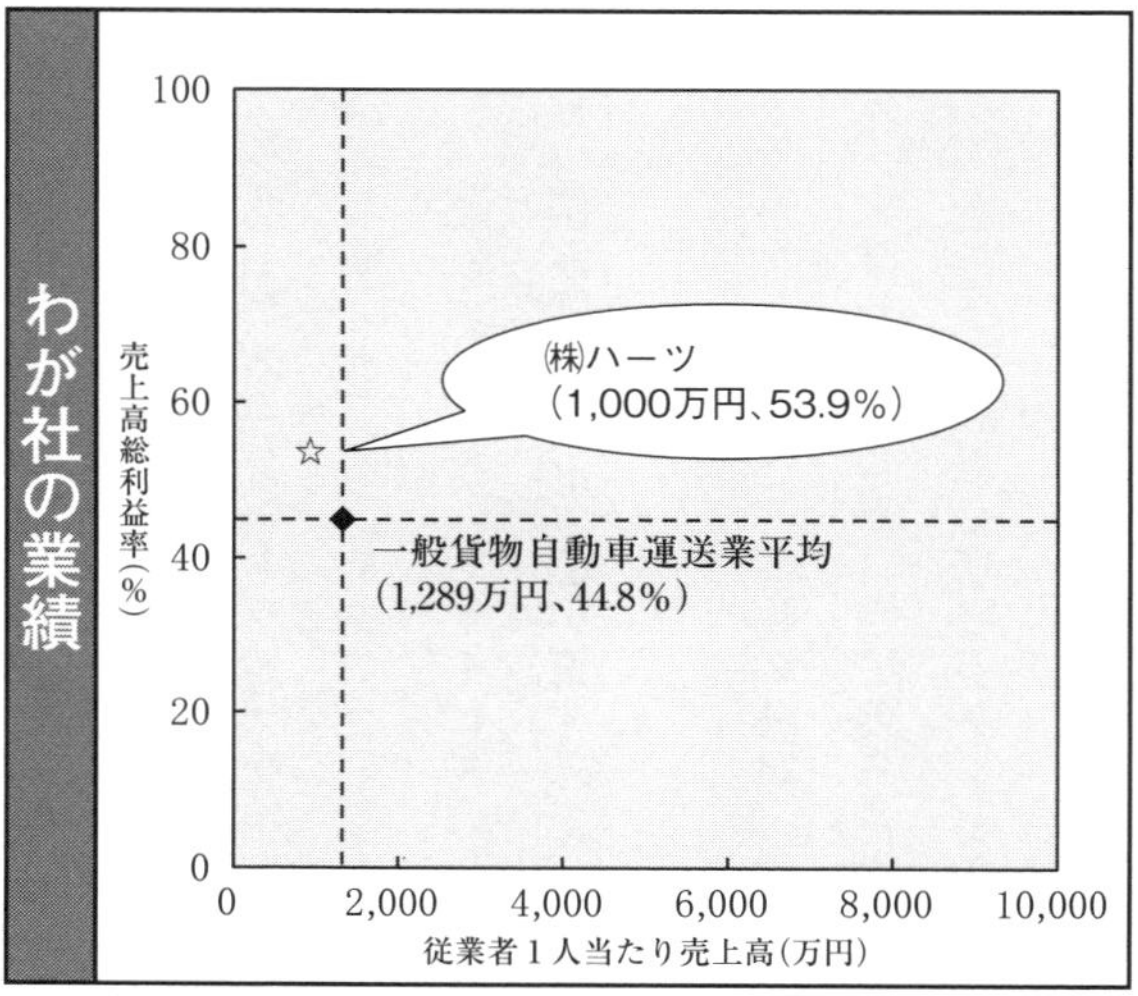


(注)従業者１人当たり売上高は、パート・アルバイトの人数を除いて算出している。

# 融通の利くサービス

## ――事業内容を教えてください。

30分単位で利用できる運転手付きトラックのレンタルサービス「レントラ便」を手がけています。運転手付きでトラックを貸し出し、荷物を指定の場所まで運びます。たくさんの荷物を専用のトラックでまとめて運送するイメージです。運転手付きなのでサービスの利用者は運転する必要がありません。さらに、運転手は荷物の積み降ろしも手伝いますので、女性や高齢者でも安心して利用することができます。

利用例を挙げると、個人では単身者の引っ越しやトランクルームへの荷物の移動、法人や団体では、企業が主催するイベントで使う什器の搬入、大学サークルが合宿で使う荷物を運ぶケースなどが多いです。イベントや合宿は定期的に開催されるので、リピーターが多い点も特徴です。

当社は軽トラック、1トン車、2トン車、4トン車を用意して、これらのニーズに応えています。最も人気があるのは軽トラックです。

利用の方法は簡単です。電話やメールなどで運ぶ荷物の内容や大きさ、出発地と目的地、そして希望する利用日時を聞きます。これを受けて当社から最適な車両と利用時間を提案します。事前に細かく確認するので積み残しが発生したり、利用時間が超過したりすることはまずありません。利用料金が発生するのは荷物の積み込みを開始したときから届け先で荷物を降ろすのが完了するまでです。

## ――引越サービスとはどのような点が異なるのですか。

大きく二つの点で異なります。サービスの内容と料金体系です。

サービスの内容については、利用時間内であれば、複数箇所に立ち寄れる点が最大の特徴です。例えば、複数の企業や団体が什器を持ち寄ってイベントを開催するとき、レントラ便を使えば各社を一筆書きで回れますので、効率的に集荷できます。各社がそれぞれ運送業者を手配する手間が省けるというわけです。

料金は時間、距離、トラックの大きさで決まります。まず、時間は最低30分から利用可能です。次に、距離は基本走行距離を60キロメートルに設定し、これを超える場合に加算料金をいただく仕組みにしています。そして、トラックは積載可能重量が大きくなるほど高くなります。

　当社は料金体系をホームページに明示しているので、問い合わせ前に費用総額がわかります。引越業者の場合、利用の前に必ず下見があります。立ち会いが必要なことが多く、時間がかかります。しかも見積もりの結果、予想以上に価格が高くなってしまい、契約に至らないこともあります。当社の場合は、事前に料金をホームページで確認してからの問い合わせが多いので、ほぼ利用につながります。

　このような仕組みにしたのは、短距離運送のサービスに特化することで、顧客利便性の高いサービスを提供するためです。当社の料金は時間当たり、あるいは距離当たりでみると、同業他社よりも高いかもしれません。ただし、総額でみると同業他社よりも安くなるのです。なぜなら30分当たりに細分化した料金体系になっているからです。引越業者は１００キロメートルを基本走行距離にした距離制か、４時間または８時間

一番人気の軽トラック

で区切った時間制で最低料金を決めています。たくさんの荷物を遠くに運ぶときや、大がかりな引っ越しをする場合には、こちらのほうがお得になるでしょう。

ところが、例えば30キロメートル離れた先にタンスを1台運ぶ場合はどうでしょうか。引越業者に同じ依頼をすると距離制でも時間制でも料金設定の最低単位になります。タンスを1台運ぶだけなのに、1回の引っ越しと同じ料金がかかるとなると、利用者からすれば損した気分になりますよね。当社のサービスはこうした不満を解決するのにうってつけなのです。

ただし、1件当たりの単価が小さくなりますので、車両の稼働率を高める必要があります。当社では、荷物を届けた後に空車のまま戻るのではなく、帰り道にも荷物を運べるように配車を調整します。例えば、東京の大田区から世田谷区まで荷物を運んだら、帰りは隣の杉並区で荷物を積み込んで、品川区の目的地に届ける、といった具合です。このため、利用希望の日時は必ず第2希望までうかがっています。個人の運搬や引っ越しの場合、一刻を争って荷物を運びたいと考える方はまずいませんから、こちらからの調整依頼にも応じてくれることが多いです。この結果、当社の車両は1日に最大8件の注文をこなします。陸送業者のなかでもきわめて高い稼働率といえるでしょう。

# 下請けから脱却を図る

## ――どうしてレントラ便を始めたのですか。

運送業界で生き抜くためには他社と同じことをしていてはだめだと痛感したからです。

わたしが創業したのは１９９３年、25歳のときです。大手物流企業の下請けとして順調に事業を拡大してきました。ところが元請先が配送業務の内製化を進めたことにより受注は激減。売り上げの８割を失ってしまい、倒産寸前まで追い込まれてしまいました。

このままでは未来はないと思い、下請けからの脱却を目指して一般消費者から直接仕事を受注できる引越業界に参入しました。しかし、見積もりの依頼は来ても、結局は大手にとられてしまうことがほとんどでした。価格面では勝っていても、実績がないため、きちんと運んでくれるのか不安に思われていたのでしょう。

転機が訪れたのは、２００５年のことです。とある大学サークルから鳥人間コンテストの練習で使う飛行機の部品を、東京から埼玉県の荒川河川敷まで運ぶ依頼を受けました。当時は仕事を選べる余裕はありませんでしたから、わたしが自ら大学内の部室やメンバーの自宅を回って部品を集め、河川敷まで運びました。また、ある音楽サークルから、合宿先で使う楽器や譜面台の運搬を頼まれることもありました。

不思議に思ったわたしは、学生に対して、なぜ引越業者である当社にこのような依頼をするのかと、聞いてみました。すると意外な答えが返ってきました。

## ――どのような答えですか。

一つは、本当は自分たちでレンタカーを借りて安上がりに済ませたいのだが、慣れないトラックで都内を走り回るのは怖いということ。もう一つは、このような依頼を名の知れた大手業者に頼んでも相手にしてもらえるとは思えず、たまたまインターネット検索で見つけた当社を選んだというのです。

話を聞くうちに、わたしの頭のなかにアイデアが湧いてきました。トラックに特化したレンタカーサービスと、プロドライバーによる運転サービスを組み合わせれば独自のビジネスができると考えたのです。

こうして2006年にレントラ便のサービスを開始したのですが、ふたを開けてみると、開始1年で600件もの受注がありました。正直なところ、ここまで大きな反響は予想していませんでした。そこで、２００７年にレントラ便に特化する決意をしました。２年目以降も受注は右肩上がりで増えていきました。

## ――仕事の内容が変わると職場の態勢も見直す必要がありますね。

実は、レントラ便に注力していく過程で、古参の従業員の大半が辞めてしまいました。最大の原因は就業規則の変更です。物流企業の下請けだった頃からの慣習で、当社の休日は取引先に合わせ暦どおりにしていました。しかし、レントラ便は個人の引っ越しや企業のイベントの多い土日、合宿シーズンである夏休みや大型連休が稼ぎ時です。そこで土日祝日は全員出社し、平日に交代で休日を取るように制度を改めたのです。

また、配車効率を上げるために、運送業界では常識とされている、車両ごとに運転手を固定する制度を廃止しました。ローテーションで休みを取るため、特定の車両しか運転できないと、少ない人員では受注に合わせた配車繰りができなくなるからです。

多くの従業員が辞めてしまったわけですが、これは逆に考えれば、他社が容易に参入できないことの証左でもあります。前向きにとらえ、新たな従業員を募集することにしました。業界初のサービスを一緒に育てていきませんか、と訴えたところ、思いが通じたのか、チャレンジ精神が旺盛な若者が集まってきました。当社の従業員は皆、独自性の高いサービスを普及させていくことに、高いモチベーションを感じています。

やがて、レントラ便の普及をみた同業者から、ウチにも仕事を回してほしいとの依頼も相次ぎました。そこで当社が認めた企業はパートナーとして連携することにしました。現在、パートナーは東北、関東、東海、関西に計５社あり、各地でレントラ便のサービスを利用できるようになりました。

## 利用機会を創出

**――営業範囲が広がるとサービスの質が不安定になりませんか。**

おっしゃるとおりです。サービスの質を維持するためには、売り上げを増やして、その成果をきちんと従業員に還元していくのが一番です。カギを握るのは、やはり稼働率です。

そこで、レントラ便ではパートナー企業のぶんも含めて、利用の問い合わせや配車管理はすべて当社が担当します。これにより、無理な配車で予約時間に間に合わなかった、使用車両を誤り荷物が積み切らなかった、といったトラブルを未然に防いでいます。パートナーからは配車をやらせてほしいと言われますが、レントラ便の質を守るためにこれは譲れないポイントです。

**――今後の展望を教えてください。**

最近は個人向けの倉庫会社や大学生協、生協のパルシステムと提携を進めています。

倉庫会社のトランクルームが荷物の届け先になることが増えているからです。このデータを示して提携をもちかけたところ、トランクルームの普及につながると喜ばれ、提携が進んでいます。その数は現在20社に上ります。提携先はホームページなどでレントラ便をアピールしてくれています。

生協はレントラ便のパンフレットを置いてもらっています。生協の組合員であれば通常価

イベントには大型トラックで対応

格よりも5パーセント安く利用できます。合宿やイベントなどで利用してもらうことが狙いです。合宿やイベントは毎年、定期的に開催されます。すると後輩にレントラ便が引き継がれていき、長いお付き合いが始まるわけです。すでに大学のサークルは当社にとって一番の常連さまです。さらに大学生は就職すると引っ越すことが多いですから、再びレントラ便を利用してもらえる可能性が高まります。

倒産の危機や、従業員が辞めてしまう事態に直面しましたが、レントラ便に懸けてここまでやってきました。これからはさらに事業を拡大していきたいです。使ってよかったと思われるサービスを、これからも提供していきます。

**取材メモ**

近場にたくさんの荷物や大きな什器などを運びたい人にとって、従来のサービスは必ずしも使い勝手が良くなかった。宅配便の場合、荷物の数に応じて価格が上がるし、届くまで時間もかかる。引越会社の料金体系は長距離移動を前提としているので割高に感じられる。かといって、自分でトラックを借りて運ぶのは不安だし、力も必要だ。

山口裕詮さんは、運送サービスとレンタカーの長所を組み合わせた「レントラ便」で、こうした不満や不安を一気に解決した。ニーズの隙間を突いた独自のサービスに競合相手はいないから、他社との価格競争を回避できている。これが、同社の高い生産性につながっているのだ。

当研究所「小企業の経営指標・2015年度調査」によると、同社の売上高総利益率は一般貨物自動車運送業の平均（44・8％）を約10ポイント上回る。同社は独自のサービスを武器にひた走っていく。

（友山　慧太）

事例7

# 新潟の酒で特別なひとときを

㈱ 幻の酒
代表取締役
松本 伸一

〈企業プロフィール〉

| | |
|---|---|
| ［代 表 者］ | 松本 伸一（まつもと しんいち） |
| ［事業内容］ | 酒小売 |
| ［創　　業］ | 2000年 |
| ［資 本 金］ | 4,600万円 |
| ［従業者数］ | 9人（うちパート3人） |
| ［所 在 地］ | 新潟県新潟市中央区白山浦2－1－28 |
| ［電話番号］ | 025(378)2631 |
| ［U R L］ | http://www.maboroshinosake.com |

わが社の業績

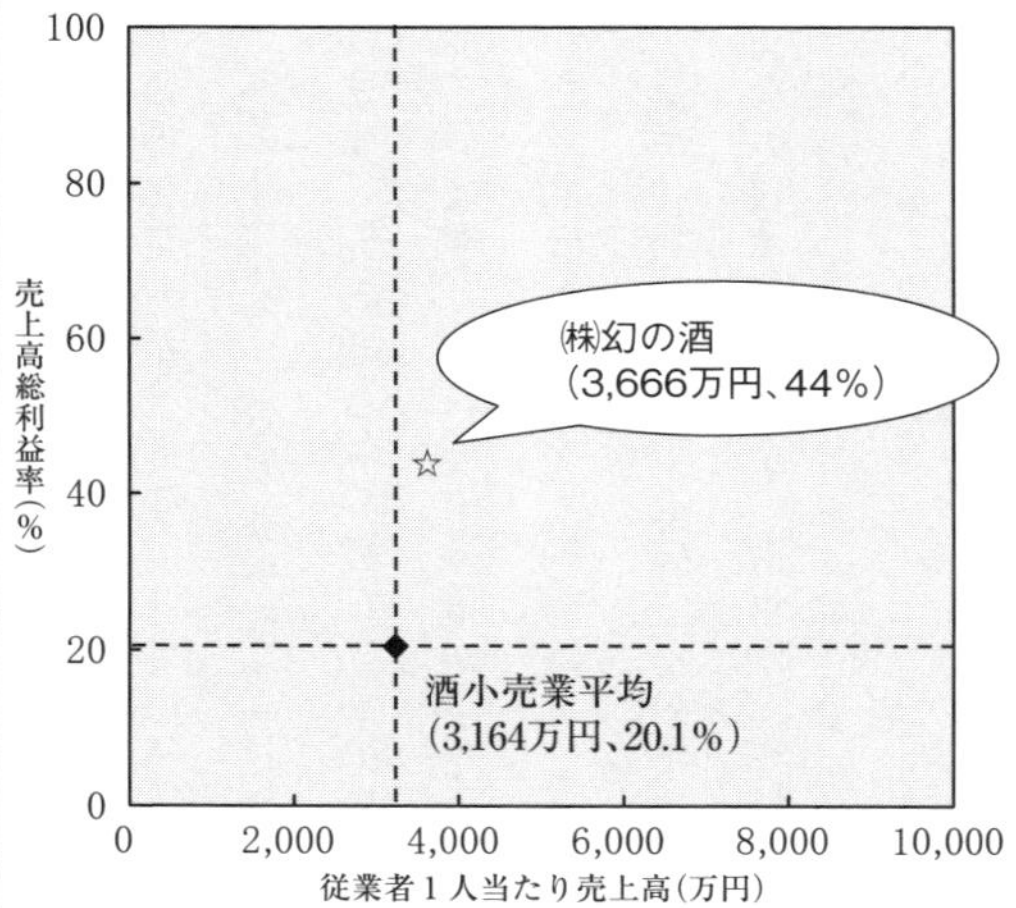


（注）従業者１人当たり売上高は、パート・アルバイトの人数を除いて算出している。

# 今も守り続ける三つの約束

## ——事業概要を教えてください。

当社は2000年にオープンした酒小売店です。新潟県産の地酒をインターネットで販売しています。現在は「幻の酒　地酒専門店」「幻の酒　楽天市場店」「還暦祝い館」「結婚・ブライダル館」という四つのウェブサイトを運営しています。幻の酒と名づけた二つのサイトでは、厳選した新潟県産の吟醸酒と純米酒だけを並べています。どれも生産量が少なく、当社がネット販売を開始するまでは、地産地消されていた銘柄ばかりです。価格は720ミリリットル入りの四合瓶当たりで平均約6000円と、高めに設定しています。それでも、なかなか手に入らない酒を楽しむためなら出費を惜しまない日本酒愛飲家の方々が、当社のサイトで商品を購入してくれています。

愛飲家の心をつかむことができたのは、他店にはない商品ラインアップに加え、当社が開店以来掲げている三つの約束を忠実に実践してきたからだと考えています。

## ――どのような約束ですか。

一つ目は、お客さまの琴線に触れる酒を提供することです。酒をつくる蔵元のプロフィール、原料米や水の情報、そして酒が完成するまでの過程などを、商品ごとに詳しく解説しています。当社が販売している日本酒には、ぜひ飲んでみたいと思わせてくれるストーリーがあります。

二つ目は、商品管理を徹底することです。吟醸酒や純米酒は、常温で保管すると味や香りがどんどん劣化していきます。そのため、仕入れた酒はすべて冷蔵保存しています。さらに入荷から３カ月以上が経過した商品は販売しません。もっとも、当社の商品はなかなか市場に出回らないものばかりですので、入荷と同時に売り切れてしまうことが多々あります。商品回転率は他店に比べて高いようです。

そして三つ目の約束は、地酒についてはクール便で届けることです。日本酒をネット販売している店のほとんどは、クール便はオプションで、追加料金が別途かかります。かつて新潟市内で酒小売店を営んでいた実家で育ったわたしにとって、こうしたやり方は理解できません。わたしは、商品を最高の状態のままお届けすることが当たり前だと考えていますので、全国一律８６４円の送料でクール便による発送をしています。

## ――酒への深い愛情を感じます。

わたしが会社を興したのは、地元の隠れたうまい酒を全国の人々に知ってほしかったからです。お客さまに商品の魅力を余すことなく伝えることが、当社の使命です。

この使命を果たすためには、蔵元の協力が不可欠です。当社が開業した2000年はネット販売の黎明期で、取引をお願いしてもネットと聞くだけで不信感を抱く蔵元もありました。わたしは蔵元に足しげく通い、商圏を全国に広げられるネット販売の可能性を説明するとともに、蔵元で働く人たちの思いを学ばせていただきました。当社のサイトで酒のストーリーを紹介できているのは、このときの取材があったからです。

対話を重ねるうちに、酒づくりに携わる人々の酒に対する愛情がひしひしと伝わってきました。この思いに報いるためにわたしがやるべきことは、酒の価値を的確に伝え、適正な価格で販売すること。そのためには、商品一つ一つに愛情を注ぎ、最高のサービスをもって販売する必要があります。

こうして生まれたのが三つの約束です。これはお客さまに対してだけではなく、酒づくりに心血を注ぐ蔵元への誓いでもあるのです。わたしの熱意は蔵元に伝わり、徐々に他店にはない酒を卸してもらえるようになりました。

**――販売は順調にいきましたか。**

商品の希少性がネット上で話題になり、想定をはるかに上回る注文が全国からありました。ネット販売に難色を示していた蔵元も当社の販売実績をみて、取引を認めてくれるようになり、新潟地酒専門店の地位を確立していきました。

ただ、オープンから５年が経過したころからでしょうか。売り上げは頭打ちになってしまいました。インターネットで酒を買う人は地元の人とは違い、全国の酒を買い求めるため、再購入までの期間が長くなることに気がついたのです。

## 贈る楽しみともらう喜びを演出

**――対策はあったのですか。**

県外の地酒を取り扱うことや低価格帯の商品を増やすことで顧客層を広げることを考えましたが、これでは他店と同質化してしまいます。せっかく確立した幻の酒のイメージを壊したくはありません。

そこで考えたのが、当社ならではの日本酒ギフトを販売することでした。これなら、普段は日本酒を飲まない人に商品を販売するチャンスが生まれます。小さな専門店で選んだギフトならば、贈られた人の喜びもひとしおでしょう。

ただ、日本酒と縁遠い人たちの目に留まるためには、中身の希少性だけでは力不足です。思わず贈りたくなる仕掛けが必要でした。そこで日本酒を自由にデザインできたら面白いと考えました。いわば日本酒のカスタムメードです。

**――斬新なアイデアですね。**

このサービスを思いついたきっかけは、前職での経験です。わたしは高校卒業後、大手紳士服販売店に就職しました。24歳のとき、若くして店長に昇格したのですが、管理職よりも接客の仕事のほうが性に合っていると感じ、地元新潟県の小さなテーラーの販売員に転職しました。世界に一つしかない、自分仕様の新しいジャケットに袖を通すお客さまの表情をみると、こちらも笑顔になってしまいます。

このように、贈る人も贈られる人も幸せになれる場面を、日本酒で演出したいと考えたのです。

## ――どうやってアイデアを具体化していったのですか。

まずは、日本酒の顔ともいえるラベルです。字体のデザインが得意な従業員を採用し、贈る相手のお名前や日頃の感謝を込めたメッセージを自由にデザインできるソフトウエアを導入しました。印刷する紙は新潟県長岡市でつくられている小国《おぐに》和紙です。

また、酒瓶の色も選べるようにしようと考え、蔵元にガラス瓶メーカーを紹介してもらいました。日本酒の瓶といえば無色透明や茶色が一般的ですが、還暦祝いにぴったりな赤や、めずらしさを感じられる紫色、黄色などを用意しました。

ギフトを贈る場面で多いのは、誕生日や結婚記念日などでしょう。そこでサプライズのアイテムとして、その日に発行された、古い新聞の一面を印刷して同梱することにしました。近所の新聞販売店に相談したところ、協力してくれることになりました。裏面には記

記念日を彩るオンリーワンのギフト

念日から20年間の主な出来事を年表にまとめています。当時の思い出が鮮明によみがえり、両者の会話がいっそう弾むと考えたのです。

肝心の酒については、蔵元の協力を得て、常温保存でも品質が劣化しにくい純米酒を特別につくってもらいました。もらってすぐに飲む人もいれば、大切に飾っておきたい人もいると考えたからです。

こうして完成したのが、現在、還暦祝い館と結婚・ブライダル館のサイトで販売している「記念日名入れ酒」です。価格は８０００円台からとけっして安くありませんが、２００７年9月のサービス開始から7年間で、４万本の販売実績をあげることができました。この勢いは今も変わりません。他にはないユニークな贈り物ができるという口コミがネット上で広がり、女性ファッション雑誌やブライダル情報誌などで取り上げられたことも追い風になりました。

主な購入者は30歳から40歳代の女性で、ご両親の還暦や祖父母の長寿祝いなどに贈ることが多いです。家族それぞれの還暦、古希、喜寿とリピートする方もいます。最近は結婚式の引き出物として大量に注文するカップルも増えています。

## 企業価値を高め続けるために

### ――類似のサービスを展開するお店も出てきそうですが。

記念日名入れ酒の包装方法について、２００９年5月に実用新案を取得しましたが、それでも類似のサービスを展開する同業他社は出てきます。当社のような小さな企業には、ライバルの進出を完全に防ぐことはできません。

そこで、官民が主催するさまざまな賞に応募することにしました。当社のサービスの知名度を高め、記念日名入れ酒といえば当社、というブランドイメージを醸成したいと考えたのです。２０１２年には経済産業省主催のＩＴ経営力大賞に応募し、ＩＴ経営実践企業に認定されました。２０１６年にはグッドデザイン賞を受賞しました。

そして何より、当社を支えてくれているのは、希少な地酒を提供してくれる蔵元であり、当社で酒を購入するお客さまです。ネット販売ですから、購入者は気軽に店を評価することができます。これらのレビューは誰でも閲覧できます。幸いなことに、多くの方が好意的に評価してくださっています。お客さまのレビューが店の信頼につながり、初めて日本酒ギフトを買う方が数あるお店のなかから当社を選ぶ確率を高めているのです。

## ——優秀な従業員も必要ですね。

当社は総勢9人の小所帯です。小さな企業が優秀な従業員を採用することは容易ではありません。そこで当社では、入社した人が長く働けるような人事制度を、開業時から検討してきました。2003年には従業員の意見を踏まえて、勤務形態や給与額を定めた就業規則を整備しました。従業員の要望に応じながら随時見直しています。例えば2004年には、子どもの看護や親の介護が必要なときに取得できる休暇を追加しました。働きやすい環境という点では、大企業にひけをとらないと自負しています。

さらにこれらの規則は、当社のコーポレートサイトで公開しています。情報をオープンにすることで、入社後のミスマッチを少しでも防ぎたいと考えたからです。

一つ一つ丁寧に包装

現在、従業員の平均年齢は30歳代です。当社の使命に共感し、新潟の良さを全国にアピールしたいと考える、地元の男女が集まっています。なかには二足のわらじを履いて、地元を盛り上げようと頑張っている従業員もいます。アルビレックス新潟のバスケットボールチームに所属する女性選手です。練習で会社を不在にすることもありますが、周囲でフォローする態勢が整っているので、仕事に支障をきたすことはありません。

## ――最後に今後の展望を聞かせてください。

２０１６年から農家や蔵元と協力して、「岩魚《いわな》」と名づけた日本酒をつくり、数量限定で販売しています。県内の棚田で収穫したコシヒカリでつくった、当社の企画商品です。棚田は年々減っていますが、裏を返せば希少性が高まっているともいえます。そこで栽培した米でつくる酒は、まさに幻の酒です。地元に残る棚田の風景を守ることにも貢献できると思います。

## 取材メモ

松本さんは販売する商品を希少性の高いものに絞り込み、他社との差別化を図った。これにより全国の日本酒ファンの需要を取り込むことに成功した。

さらにカスタムメードという他店にはないサービスを先駆けて展開して日本酒ギフトの付加価値を高め、新たな顧客層を開拓した点も見逃せない。酒を飲む場面に加えて、贈る贈られる場面を想定して練られたサービスは、同社で酒を買う大きな魅力になっている。

こうした戦略の成果は数値にはっきり表れている。当研究所「小企業の経営指標・2015年度調査」によると、酒小売業の売上高総利益率の平均は20・1％だが、同社は40％を超えており、きわめて高い生産性をあげている。

ちなみに、記念日名入れ酒の中身は顧客の要望により、ワインや焼酎、ジュースに変更できるようになった。いずれも新潟県産だ。日本酒の苦手な人でも、安心してサービスを楽しむことができる。

（藤田 一郎）

# 事例8 上級者を味方につけ ネットショップをブランド化

㈱ 山谷産業
代表取締役社長
**山谷 武範**

**〈企業プロフィール〉**

[代 表 者] 山谷 武範（やまたに たけのり）
[事業内容] アウトドア用品、キッチン用品のネット販売
[創　　業] 1979年
[資 本 金] 1,000万円
[従業者数] 14人（うちパート4人）
[所 在 地] 新潟県三条市北入蔵2－2－57
[電話番号] 0256(38)5635
[U R L] http://www.yamac.co.jp

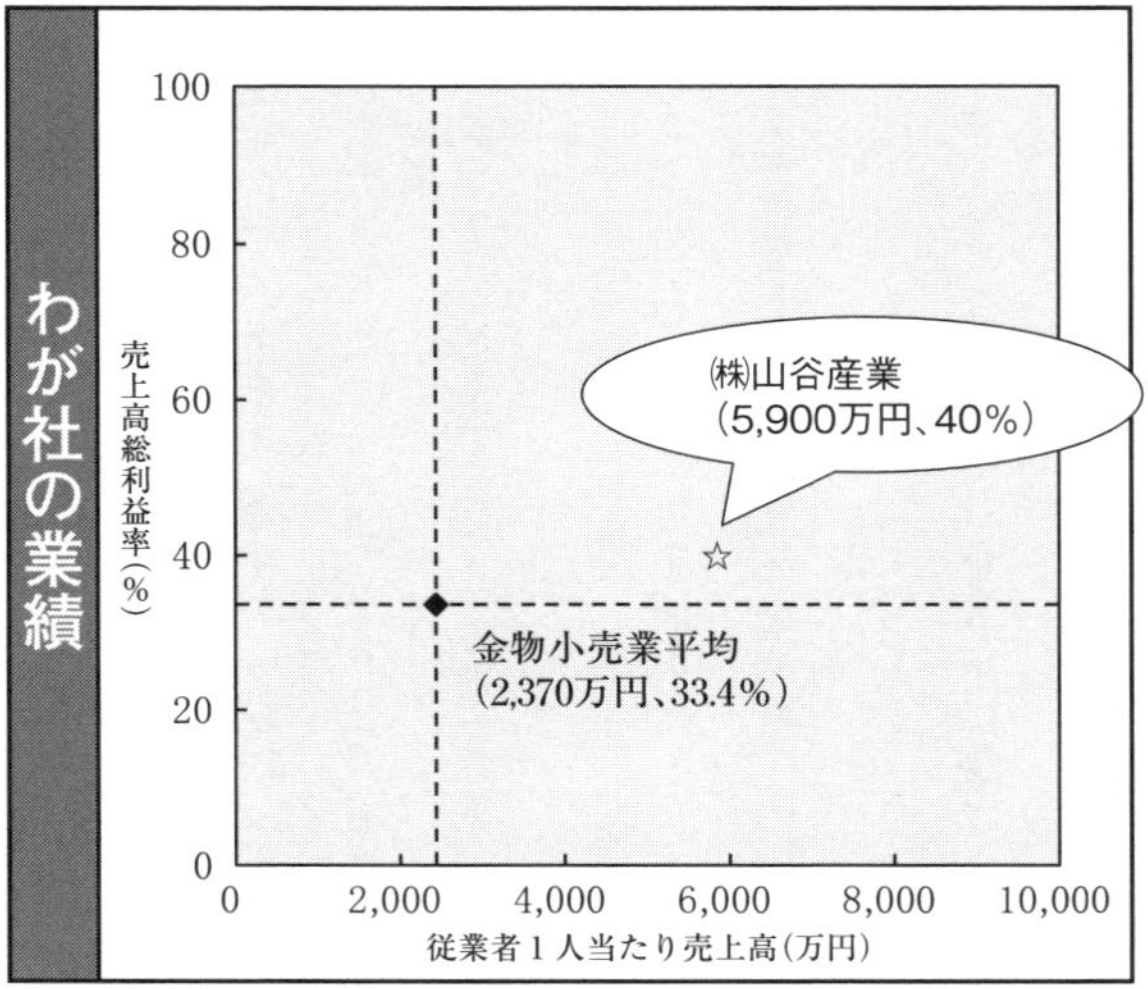


（注）従業者1人当たり売上高は、パート・アルバイトの人数を除いて算出している。

# ペグの大ヒットからアウトドア用品に注力

## ――事業概要を教えてください。

当社は、「村の鍛冶屋」というネットショップを運営しています。屋号からもわかるとおり、扱うのは金物が中心です。バーベキューコンロやテントといったアウトドア用品のほか、包丁やフライパンといったキッチン用品など、約3万点の品ぞろえを誇ります。これは、大手のホームセンターにも引けをとらない水準です。

1979年の創業時は、金物の卸売りをしていました。主力商品は魚を捕らえるタモや貝をむくナイフなどの漁具で、販売先は漁師や水産加工会社でした。販売先を一軒ずつ回る、いわゆる行商スタイルで業績を伸ばしてきました。

しかし15年ほど前に母が大病を患ってから行商ができなくなり、2003年に藁にもすがる思いでわたしの弟二人が中心となって始めたのが村の鍛冶屋です。ターゲットは、事業者ではなく一般消費者にしました。ただし、手持ちの漁具だけでは一般消費者にアピールするには弱いため、三条市内のメーカーにお願いし商品を分けてもらいました。同業他社にも商品を分けてもらい、園芸・ＤＩＹ、キッチン用品なども扱いはじめました。

## ――業態の転換はうまくいったのですか。

ネットショップの開設以降、売り上げは徐々に軌道に乗り、会社を維持できるほどには持ち直してきました。ただ、わたしが２０１２年に社長に就任したころには、ａｍａｚｏｎのような大手が勢力を増してきており、このままではいつか立ち行かなくなるという不安や焦りを感じるようになりました。

転機となったのは、２０１３年に発売した「エリッゼステーク」というペグの大ヒットでした。ペグは、テントやシートを地面に固定するのに使う釘で、キャンプやピクニックの必需品です。

エリッゼステークは、当社が企画し、金属加工メーカーに頼んでつくってもらったオリジナル商品です。発売初年度に5万本、２０１６年度には30万本が売れました。楽天市場にあるアウトドア用品のなかで、ユーザーによる評価の1位を取ったこともあります。

このヒットに手応えを得て、ハンマーなど関連商品を増やしていきました。効果は目に見えて表れました。ペグを買うついでに他の商品も併せて注文する人も多く、顧客数とともに客単価も伸びていったのです。エリッゼステーク発売前の２０１２年度に3億円程度だった当社の年商は、２０１６年度には約6億円と、2倍になりました。

## ――エリッゼステークがヒットした理由は何でしょう。

挿しやすく、抜きやすい。使い手の希望をとことんかなえたことがヒットの理由です。キャンプ好きな当社専務が、従来品の使いにくさをどうにかできないかと考えたことが、商品企画の発端でした。

従来品との違いは三つあります。一つ目は、胴の形状です。従来品は、胴まわりが円形です。しかしこれでは地面に打ち込むときに軸が回転しやすいのです。ペグに引っかけたテントの裾のひもがねじれてしまい、何度も打ち直すことになります。そこで、軸の回転を防ぐため、胴まわりを楕円形にしました。90度回転させると地中に隙間ができますから、抜く場合も簡単です。

二つ目は、製法です。刃物づくりで用いられることの多い鍛造という工法を採用しています。従来品の多くはアルミ棒を切って曲げただけのものやプラスチックです。柔らかい芝生に打ち込むなら問題ありませんが、砂利や石が混ざった固い地面に打ち込もうとすると、曲がってしまうことがあります。当社は使用環境を選ばない頑丈な商品を目指しました。
三つ目は、カラーバリエーションです。従来品は黒やシルバーなど地味な色が多いため、挿してあることに気づかずにつまずいたり、片付け忘れたりすることがよくありました。そこで、赤や黄など目立つ色を用意しました。現在、全部で８色あります。テントやシートの色に合わせて買い足し、コーディネートを楽しむ人もいます。

**――性能の良さをネット上で伝えるのは難しいように思いますが。**

対面販売のように現物をみせながら口で説明できないぶん、サイト上では丁寧に解説するよう配慮しました。キャンプ慣れした人ほど思わずうなずいてしまうような通好みのこだわりについて熱っぽくつづったこともあり、とりわけ上級者から大きな反響がありました。

同社の企画した「エリッゼステーク」

さらに、商品は意外な売れ行きをみせます。なぜか日曜日の夜によく売れるのです。購入者のレビューを読むと、キャンプ場で居合わせた他のキャンパーがエリッゼステークを使っているのを見て性能の良さを知り、帰宅後すぐに注文するケースが多いことがわかりました。アウトドアでは、見ず知らずの人同士が自然と打ち解けることがよくあります。初心者が上級者からアドバイスを受けることも多く、そこでエリッゼステークの名が広まっていったようです。つまりキャンプ場がショーウインドーの役割を果たしていたのです。

語るべき要素をもった商品を選び、言葉を尽くして説明すれば、ネット上でもちゃんと伝わる。幸い、地元の三条にはこうした商品が数多くあります。自信をもって薦められる品、伝えたくなる品を、発掘していくことにしました。

## 地元の良品が集まるブランドを確立

**――どのように商品を発掘していったのですか。**

目をつけたのは、一人親方のような小規模工場です。彼らのなかには、優れた技術があるのに生産数が限られているため販売機会を逸し、腕に見合った収入を得ていない人も少なくありません。

当社は創業以来、地元で事業を続けてきましたので、そうした工場には心当たりがありました。もともとつながりがあったうえに、質の高い商品を、違いのわかるユーザーに届けたいという当社の姿勢が信頼を得たのでしょうか、商品を優先的に回してもらえるようになりました。なかでも、包丁と砥石《といし》は、セットでよく売れました。プロの料理人以外でも、道具に気を使う人は多くいるからです。

上級者をもうならせる品ぞろえが評判になっていくと、今度はメーカーの間で、当社は販売力が高い小売店だとの評判が広がり、自信作ができたので取り扱ってもらえないかと売り込まれるようになりました。おかげでますます商品ラインアップが充実し、ペグ発売前の６倍、約３万点をそろえるまでになりました。

**――それだけ商品が集まると在庫管理が大変そうです。**

そうでもありません。当社が抱える在庫は、同業他社に比べて少なく抑えることができています。

というのも、商品の売れ行きから、注文が集中しやすい曜日や季節を割り出し、商品を仕入れているからです。また、仕入先のほとんどは近所にあり、お客さまの注文を受けてから仕入れても、納品に半日もかかりません。これは三条に拠点を構える当社の強みです。また、メーカー側から取り扱いを頼まれた商品については、そもそも注文後に仕入れる取り決めにしています。

ネット通販では、商品が手元に届くまでのスピードがサービスの要ですから、在庫を多くもっておくほうが有利かもしれません。大手であればそうした戦略を採れますが、当社のような小さな企業にその余裕はありません。取扱商品は3万点に及びますから、在庫負担は経営の鍵を握る問題です。幸い当社が扱う商品の多くは、急に入り用にはなりません。明日までにどうしてもペグが必要だという人はそう多くはないでしょう。

そのため、大手通販サイトでは当たり前の有料オプションである「お急ぎ便」のボタンを、当社はあえて用意していません。それでもほとんどの場合、2、3日以内に発送できますので、お客さまは思ったより早く商品が届いたと、喜んでくれます。

## 将来を見据えた展開

**――確かに、御社に対するレビューを見ると、対応を評価するコメントが多いです。**

在庫管理の負担が少ないぶん、接客サービスに従業員を手厚く配置し、お客さまへの丁寧な対応を心がけています。

注文を受け付けると、まず注文確認のメールを自動送信します。これはどの通販サイトにもある機械的なサービスです。当社ではさらに、メーカーと連携していつまでに商品を発送できるかをすぐに確認し、10分以内にお客さまへ１件ずつメールでお知らせします。

加えて、お客さまのニーズに沿った商品の提案を行っています。注文された商品が倉庫にない場合、たんに出荷までに要する時間を知らせるのではなく、同じ機能や価格帯で、より早く出荷できる商品も提案するのです。

購入後のアフターフォローも充実させています。商品のなかには、使い方が複雑なものもあるので、疑問にすぐ答えられる態勢を整えています。電話対応も可能です。

こうしたサービスを展開できるのは、ネット販売でも対面販売でも人材が大事だと思っているからです。ネット販売はあたかも自動販売機ととらえられるかもしれませんが、人材がいるからこそ商品をお届けできると思っています。また、地場産業への思い入れがあるので、従業員は自然と取扱商品の特長や、メーカー各社の得意分野を勉強するようになります。商品や仕入先の事情に精通しているからこそ、お客さまのニーズに沿った商品を提案できるのです。

**――今後の展望を教えてください。**

２０１７年に、バーベキュー用品の新ブランド「ＴＳＢＢＱ」を立ち上げました。商品企画などの人材を育成する「コトミチプロジェクト」を受講したことから生まれたブランドです。第１弾の商品として、ローストスタンドを発売しました。焼き網の上にスタンドを置き、塊肉を刺したサーベルをセットします。サーベルの持ち手は六角形ですので、６回持ち手を回せば

「ローストスタンド」を使って塊肉を焼く様子

肉が１回転し、ローストビーフやシュラスコがつくれます。

インパクトのある器具で、バーベキューの新しい楽しみ方を提案したい。こうした当社の企画にメーカー４社が賛同してくれ、商品化が実現しました。すでに全国のお客さまから注文が入っています。

また、２０１７年10月に社屋の新設に併せて、直営店を開きました。以前、当社のことをネットで知った県外のお客さまがわざわざ会社まで足を運んでくれたり、燕三条地域の商品を体験して買える場所がなかったりしたからです。ここでは、各メーカーのペグの試し打ち、トマトやパンの試し切り、斧を使った薪割り体験などができます。大人も子どもも楽しめるので、週末は家族連れでにぎわいます。

店頭には、発売前の試作品も並べています。お客さまに手に取ってもらい、使い勝手を聞く。これをメーカーにフィードバックして商品開発に役立ててもらうのです。これは、つくり手と使い手をつなぐ立場として、漁具を行商していた頃から大切にしてきた当社のやり方です。これからも地元メーカーとともに成長し、燕三条地域の逸品をお届けします。

## 取材メモ

㈱山谷産業はペグのヒットを皮切りに、地元の腕利きともいうべきメーカーを開拓した。漁具の行商時代からの信用と、商品の良さを伝えたいという熱意を武器に、同社は品ぞろえを広げていった。その結果が、3万点にも及ぶラインアップである。

こうして村の鍛冶屋は、他の店では簡単にはそろわないような隠れた逸品と、その価値がわかるリードユーザーともいうべき上級者を数多く集め、結びつける、業界屈指の店としてのブランドを築いた。

業績は好調だ。当研究所「小企業の経営指標・2015年度調査」によると、金物小売業の従業者1人当たり売上高は2370万円だが、同社は5900万円を超える。売上高総利益率も40%と、業界平均を6ポイント上回る。ネットショップのブランド化に成功した同社の戦略は、サービスの同質化に悩む企業にとって、現状を打開するヒントが詰まっている。

（山崎　敦史）

## 事例9 甘い感動を分かち合う

㈱ Lapin.doux
代表取締役
**吉崎 大助**

**〈企業プロフィール〉**

[代 表 者] 吉崎 大助（よしざき だいすけ）
[事業内容] デザート専門レストラン
[創　　業] 2010年
[資 本 金] 50万円
[従業者数] 1人
[所 在 地] 東京都世田谷区深沢5－2－1
[電話番号] 03（6411）6042
[U R L] http://lecomptoir.jp

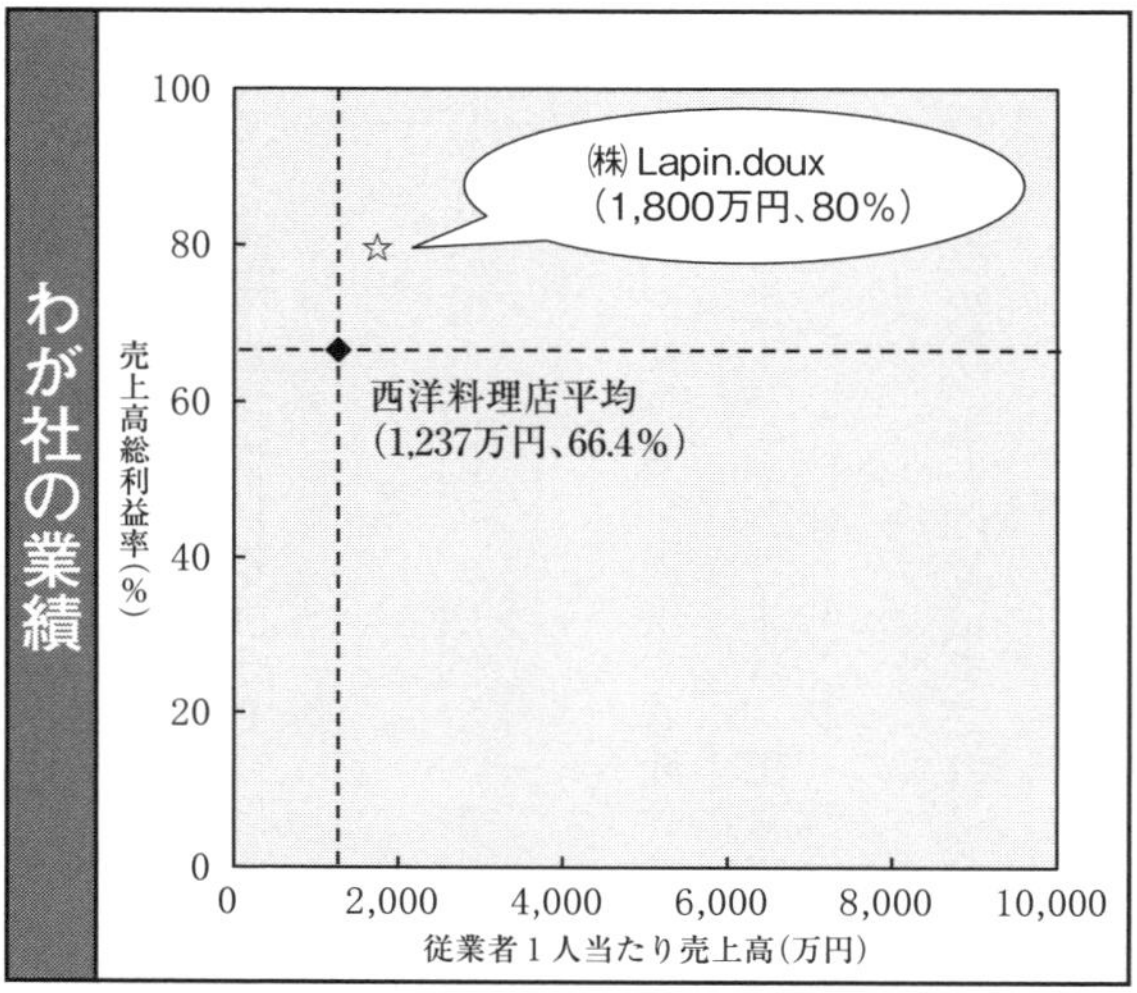

## デザートに特化した新業態のレストラン

### ――店名の由来を教えてください。

店名はカウンターのデザート、社名は甘いウサギという意味のフランス語です。わたしの生まれ年のえとにちなんでつけました。

当店は洋風デザート専門のレストランです。年商は約1800万円で、店内での飲食による売り上げが7割、焼菓子などの販売による売り上げが3割です。

店名が示すように、当店最大の特徴は、カウンター越しにデザートを提供する飲食スタイルです。厨房前にカウンター席が六つあり、目の前で調理します。お客さまは、出来立ての料理はもちろんのこと、調理の過程も楽しめます。

2013年からはデザート中心のコース料理にメニューを絞り、1日2組までの完全予約制として営業しています。コースの内容は月替わりで、春はサクランボ、夏はモモ、秋はブドウ、冬はイチゴといったように、契約農家から直送される旬の果物をふんだんに織り交ぜて構成を組み立てます。全部で7品、料金は税込7500円です。

**――豪勢ですね。どのような料理を味わえるのですか。**

最初の4品は、アーモンドミルクを固めたブランマンジェや、貴腐ワインをゼリーにしたソーテルヌジュレ、カスタードとピスタチオペーストを合わせたシャンティーピスターシュ、果物をクリームで煮込んだスープなどが続きます。

5品目は塩味の料理で口直しです。ローストした牛肉や鶏肉に果物のマリネを添えた料理や、キッシュが人気です。ただ、店内に匂いが残る魚料理は出しません。

終盤の2品は果物を砂糖水で煮たコンポートやチョコレートケーキなどのメインプレートです。最後に、プティフールと呼ばれる小菓子とお茶をサービスします。

多くの方がコースの途中で飲み物を注文します。ワインを合わせる方もいます。また、お土産に焼菓子を購入する方がほとんどですので、客単価は1万円を超えることが多いです。

コースの所要時間は2時間から2時間半ほどでしょうか。お客さまの要望に応じて、ペースを調整できますので、思う存分、デザートに集中していただけます。

**――カウンター越しならではのサービスですね。開業までの経緯を教えてください。**

わたしは都内の高級フレンチ店で約10年間、パティシエの仕事をしていました。デザートはコースの最後を彩る重要な一品です。味や盛りつけでお客さまの舌と心を満たすことに情熱を注いできました。仕事内容には満足していましたが、大店舗のため厨房とホールが離れており、食事の様子を見られない点が、唯一の不満でした。

料理でお客さまに感動を提供し、その瞬間を分かち合いたい。こう考えるようになったわたしは、すし店やバーにヒントを得て、カウンター形式のデザートレストランを開くことにしたのです。

**――ありそうでなかったスタイルですよね。**

今でこそ、当店のようなお店は都内にいくつかありますが、当時はめずらしい業態でした。そのため、開業前後は苦労の連続でした。例えば店舗探し。駅の近く、できれば居抜き物件を希望しましたが、不動産会社からは色よい返事をもらえませんでした。続かないと思われたのでしょう。結局、駅からバスで10分ほどの住宅街にある貸事務所に決めました。

店舗の内装費用を賄うため、金融機関に融資を申し込んだときのことも印象に残っています。やはり事業として成り立つのか不安視されたのでしょう。融資が決まるまでの間、金融機関の担当者と打ち合わせを重ね、何度も事業計画書を修正しました。

小さな店ですから、経営を軌道に乗せるためには、回転率か客単価のどちらかを高めて売り上げを確保する必要があります。デザートを食べるときは会話も弾むでしょうから、回転率を高めることは難しいと考え、客単価を高めに設定しました。ケーキやパフェなどと飲み物をセットにして約３０００円で提供することにしたのです。前職での経験もあり、価格に見合うだけの料理を提供する自信はありました。

こうして何とか店をオープンしたのですが、半年ほどは開店休業状態が続きました。一流ホテルや、有名パティシエが経営する店ならまだしも、実績のない新規店に高い金額を払うお客さまはなかなかいません。振り返ると、かなり強気だったかもしれません。

転機となったのは、世田谷区内の飲食店を紹介するタウン誌の取材を受けたことでした。味はもとより、目の前で美しいデザートを仕上げる当店のスタイルは斬新で、足を運ぶ価値があると評価してくれ

店内の様子

ました。テレビ番組の取材も受け、街の巨匠として紹介されたのは良い思い出です。やがて、男女を問わず流行に敏感な方が訪れるようになりました。写真映えするからでしょうか、調理の様子や出来上がった料理を撮影して、ＳＮＳに投稿する人も多く、来客数の増加につながりました。

## サービスの取捨選択

### ──コース料理はどのようなきっかけで始めたのですか。

開業２周年パーティーに招いた常連客の一言がきっかけです。「どれを選ぶかいつも迷うので、いろいろな料理を少しずつ食べられたらよいのに」と言われたのです。

こう言われると腕が鳴るのが料理人というもの。そこでデザート5品のコースメニューを用意しました。料金は５０００円、１品当たり１０００円でアレンジしました。どれだけ注文が入るか予測がつかないので、予約制にしてサービスを始めたのですが、これが大当たりでした。よく、甘いものは別腹といいますが、デザートだけでお腹を満たしたいというニーズは想像以上でした。

メディアにも相次いで紹介され、新規客の予約も増えてきました。しばらくの間は単品メニューと並行してコースを提供していましたが、切り盛りが難しくなってきました。そこで、仕入れや仕込みを省力化するために単品メニューをやめて、予約制のコース料理1本に絞りました。

この結果、調理と接客に集中できるようになりました。また、来客数が事前にわかるので、売り上げの予測が立てられます。気持ちがずいぶん楽になり、お客さまと笑い話もできるようになりました。

この頃、ある常連客から「おいしかった」に加え、「今日の吉崎劇場も楽しかった」と言われました。開業から3年、わたしが目指してきた飲食店の形がようやく実現できたと感じました。一方で、困ったことも起きるようになりました。

盛りつけの美しさも味の決め手

## ――それは何ですか。

急な予約のキャンセルです。小さな店ですから、1組のキャンセルが収益に大きく影響します。その日に合わせて仕入れた食材が丸ごとロスになることもありました。

キャンセル客の多くは、こうした当店の事情を知らない新規客でした。そこで、まずは当店を知ってもらうために、3品3500円と低価格のコースを用意し、初来店の方はこちらを注文していただくことにしました。当店からすれば、キャンセルの影響を減らせます。

ただ、低価格のコースを設定することは、平均客単価が低下することを意味します。そこで、主力である5000円のコース内容も見直しました。品数を7品に増やし、塩味の料理を取り入れる一方で、価格を7500円に値上げしました。これが現在のコースです。

常連の方が値上げを受け入れてくれるか不安でしたが、杞憂に終わりました。むしろ、品数が増えたことでメリハリの利いた構成となり、料理をいっそう楽しめるようになったと喜ばれました。ハーフコースを楽しんだ方からは、次回はフルコースを頼みたいと、その場で次の予約をいただくことが増えました。おかげさまで、この2、3年は常に数カ月先まで予約が埋まっている状況です。

# 顧客とつながり続ける仕掛け

**――休む間がありませんね。**

すべての仕事を1人でやるので、忙しさのあまり体調を崩してしまい、お客さまにご迷惑をおかけしてしまったことがあります。以来、営業日を見直し、現在は週4日営業にしています。また、毎年9月には、約3週間の長期休業をいただいています。休みの日は経理作業や試作、他店の食べ歩きなどに充てていますます。飲食業界は新サービスが続々と誕生しますので、最新動向を学ぶことが大切です。

ただ、営業日数を減らすと、どうしてもお客さまとの接点が減ってしまいます。そこで、二つの新サービスを始めました。

**――どのようなサービスですか。**

一つは、2015年に始めたパフェ会です。年に4回、各回4日間限定で開催します。このときはコースを休み、パフェと焼菓子とドリンクのセットを5000円で提供します。1

組90分の入れ替え制で、4日間で約150人が来店します。

初回は、反省点がありました。盛りつけが美しいので食べるのが惜しいと、お客さまの食事のペースが想定以上にゆっくりだったのです。パティシエ冥利《みょうり》に尽きる話ですが、結果、次の方を待たせることになってしまいました。

そこで次回からはサービスを見直しました。2品目の焼菓子をお土産に変更したのです。店ではパフェに専念していただき、後は店外で楽しんでいただくというわけです。用意したのはカップにゼリーやムース、果物を重ねたベリーヌと呼ばれるものです。ただし、カップではなく、瓶詰めにしたのが特徴です。ふたがついているので、外を歩き回っても盛りつけが崩れません。これが大好評で、価格と回転率を維持しながら、顧客満足度を高めることができました。

来店機会を確保できない方に向けて2016年に始めたのが、月一度の頒布会です。年初に5万円をお支払いいただくと、12種類のデザートをお渡しするサービスです。

1年目は40人から応募がありました。2年目は少し規模を縮小し、30人限定にしました。大量生産になると、期待に見合った品質を維持できなくなると考えたからです。

**――どうして次々と新サービスを繰り出せるのでしょうか。**

やはり、カウンター越しに仕事しているからでしょう。お客さまの反応がダイレクトにわかります。新サービスのヒントは目の前にあるというわけです。

さらに大切なのは、思いついたらすぐに実行することです。この身軽さは小さな店の強みです。

そして、結果は必ず数字に表れます。お客さまに喜ばれても業績が悪化しては、経営は成り立ちません。常に、両者のバランスを見極める必要があります。この点については、開業時に何度も事業計画書を書き直した経験が生きています。サービスが変わると、業績はどうなるのか。常にシミュレーションする癖が身につきました。

これからも新しいサービスでお客さまと甘い感動を分かち合っていきます。お楽しみに。

**取材メモ**

調理過程で食事を盛り上げる。サービス産業の特徴である生産と消費の「同時性」を最大限生かす戦略で、吉崎さんは新たな付加価値を生み出した。さらに顧客の声をヒントに独自メニューを開発、甘党の心をがっちりつかんだ。

他方、サービス産業にはサービスを保管できない「消滅性」もあり、需給のミスマッチが生じやすい。この問題を、吉崎さんは二つの方法で乗り越えた。一つは予約制だ。低価格メニューで新規客のキャンセルを防ぐとともに、主力メニューを強化して客単価を維持、顧客満足度を高めた点も見逃せない。

もう一つはサービスの使い分けだ。店内サービスをメインに据えつつ、お土産を併用して回転率を高めている。こうした取り組みが奏功しているのは、顧客の反応と業績を観察して、軌道修正を重ねているからだろう。

当研究所「小企業の経営指標・2015年度調査」によると、西洋料理店の業界平均は従業者1人当たり売上高が1237万円、売上高総利益率が66・4％である。対する吉崎さんのお店は、売上高が約1800万円、利益率は80％を超える。成果は確かに数値に表れている。

（藤田 一郎）

事例10

# すべての人に翼を操る喜びを

㈱ LUXURY FLIGHT
代表取締役
**岸田 拓也**

〈企業プロフィール〉

［代表者］　岸田 拓也（きしだ たくや）
［事業内容］　フライトシミュレーター体験施設の運営
［創業］　2011年
［資本金］　300万円
［従業者数］　7人（うちパート5人）
［所在地］　東京都大田区羽田5-11-1 コクコ羽田ビル1階
［電話番号］　03(6423)7371
［URL］　http://www.737flight.com

わが社の業績

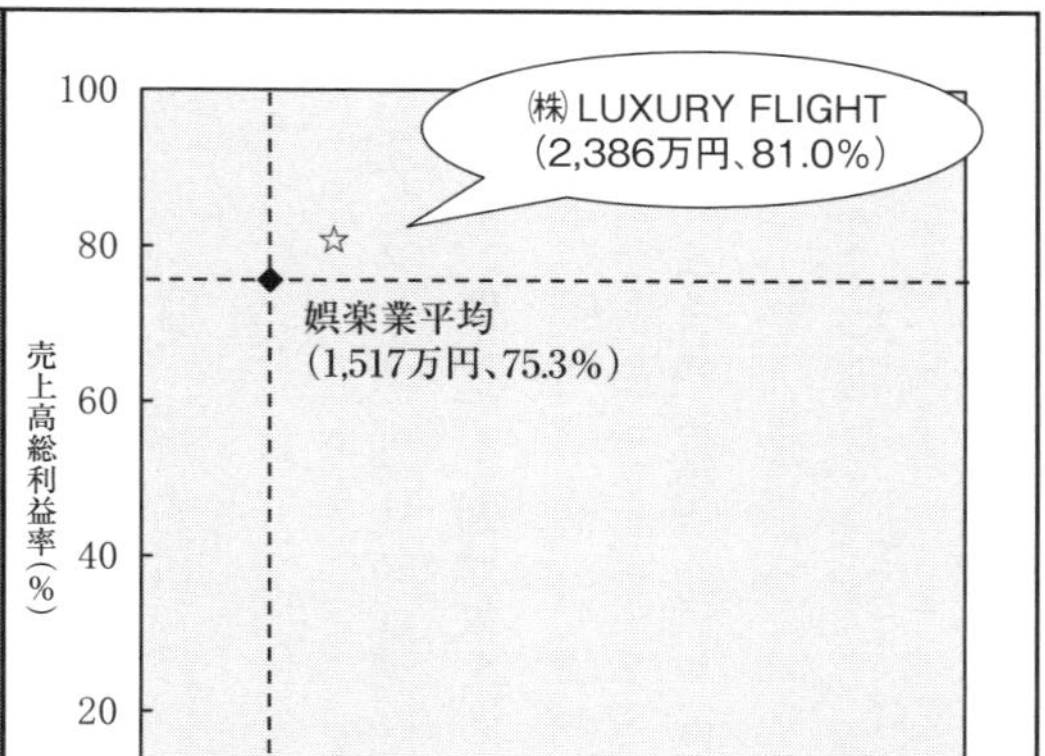


(注)従業者１人当たり売上高は、パート・アルバイトの人数を除いて算出している。

# 未開の航路を拓く

## ――エンジンの音が聞こえます。

フライトシミュレーターから流れてくるジェットエンジン音です。当店では、ジェット機のボーイング737型機と747型機、小型プロペラ機のG58バロンの操縦を体験できます。特に、737型機と747型機のシミュレーターは、パイロットしか立ち入ることのできないコックピットを実機に限りなく近く再現しています。機長席と副操縦士席は、実際に世界中を飛び回っていたものです。頭上や計器盤周辺に並ぶ無数のスイッチは本物とほぼ同じ役割を果たし、押す順番を間違えるとエンジンをかけることもできません。窓には滑走路や、航路上から見える景色が流れます。

お客さまは、離着陸する空港や航路を選ぶことができ、パイロットだった経験のあるスタッフから操縦のアドバイスを受けることもできます。本格的でありながら、老若男女、初心者から上級者まで誰でも楽しめる施設です。

## ――どうしてこの仕事を始めたのですか。

わたしが根っからの飛行機マニアだからです。小学生の頃は段ボールの内側に絵を描いてコックピットをつくり、なかにこもって空を飛ぶ想像を膨らませていました。パイロットになる夢は叶いませんでしたが、大人になってからもパソコンのシミュレーションソフトで世界中の空港を行き来していました。

開業前は大手の陸運会社に勤務し、営業ドライバーのほか、ドライバーの教官や人材育成などを経験しました。転機は37歳のときです。複数の同僚が退職して運送会社を起業するのを見て、わたしも将来を考えるようになりました。どうせ働くなら好きなことをしたい。脳裏に浮かんだのは、パイロットが訓練に使う本格的なフライトシミュレーターを体験できる施設をつくることでした。

コックピットの内装から機能までを忠実に再現した業務訓練用のシミュレーターは、誰もが気軽に利用できるものではありませんでした。当時は一般向けの体験施設もなく、わたしと同じように操縦桿《かん》を握る夢を叶えられずにいる人は少なからずいるだろうと考えました。

２０１１年秋、40歳での再出発でした。

## ——業界のパイオニアなのですね。

コックピットを再現してサービスを展開する事業としては前例がありませんでした。そのため、航路図のない空を飛ぶような状況で、開業前後は苦労の連続でした。まず、資金調達です。事業が成功する見込みは乏しいと、いくつもの銀行に融資を断られました。結局、希望額の半分も借りられず、737型機のシミュレーター1台を購入するのがやっとでした。場所は、飛行機の聖地でもある羽田空港近辺がよかったのですが、家賃が安く自宅に近い埼玉県鶴ヶ島市を選びました。自分で飛行機の扉や窓を描いた中古のプレハブ小屋のなかにシミュレーターを置いた店を見た母からは、子どもの頃とやっていることが変わらないわねと笑われたものです。

次に、スキルの習得です。商売をするためには、わたし自身がシミュレーターの操作に精通している必要があります。ハローワークを通じて航空会社の元訓練教官を半年間採用し、1日8時間、基礎から特訓してもらいました。

思わぬトラブルもありました。ホームページに「737」と表記したところ、ボーイング本社から商標の無断使用だと指摘を受けたのです。ライセンス契約を結ぶために、国際弁護士の助けを借りて数百ページもの英文の契約書と格闘しました。苦戦しましたが、帽子やマグカップなど同社の公式グッズを販売できるようにもなりました。当時、空港以外で買える場所は少なかったので、結果的には良い宣伝になりました。

事業の立ち上がりは、幸い順調でした。フライトシミュレーターと検索すれば必ず当店のホームページがヒットするので、飛行機マニアからの予約が相次いだのです。専門誌から取材を受けるようにもなり、知名度はさらに高まりました。事業が軌道に乗り、２０１３年春には念願の羽田に移転しました。シミュレーターも、バロンと７４７型機を追加で導入し、より多くのお客さまを迎えられるようになりました。

## プロもアマも搭乗

**――料金体系を教えてください。**

料金は、飛行時間と機種によって決まります。飛行時間は、30分から１８０分まで30分刻みで選べるようにし、シミュレーターそれぞれに20種類以上のフライトプランを用意しています。60分コースからはマニュアル操縦や航路の入力など、より本格的な操作もできます。

90分以上になると、タッチアンドゴーや急旋回を繰り返すプランもあります。天候や飛行時間帯も変えられるので、メニューの選択肢は数百通りに上ります。

７３７型機は、30分で１万８００円、60分で１万８３６０円、90分で２万３７６０円です。料金は実機の大きさに応じて変わり、７４７型機は７３７型機より１割ほど高く、バロンは４割ほど安くなります。このほかに、プロの指導を受ける際は、別途レッスン料５４００円が必要です。現在、小型機の操縦士１人のほか、ジェット機の元パイロット４人に時々手伝ってもらっています。皆さん、元は当店のお客さまです。

本物さながらのコックピット

**——結構な値段ですね。**

それでも、憧れのパイロットになれると、たくさんの方が繰り返し来店します。飛行時間も、30分より60分コースのほうが人気です。最も価格が高い７４７型機でも予約は入ります。ジャンボジェットの愛称でおなじみの７４７型機は、日本の旅客航空会社からは引退しましたが、今も根強い人気があります。当店は、７４７型機を操縦できる唯一の店なので、全国のファンが集まるのです。

リピーターには会員制度やポイント制度も用意しています。年会費は2万１６００円で、会員になると利用料金を約半額に割り引きます。１２０分以上のコースは会員限定で、メニューにはない航路を飛べるフリープランも利用できます。例えば、新婚旅行で通った航路をなぞりたいといったオーダーがあれば、わたしがプログラムをつくります。

ポイント制度は、利用時間や予約のタイミングに応じてポイントが貯まり、フライト料金の支払いに充てられる仕組みです。マイルを貯める感覚に似ていますね。

会員が増えれば売り上げが安定しますし、ポイント制度を導入することで早いうちから次の予約を入れてもらいやすくなります。

一方で、間口を広げることも重要です。そこで、初来店の方に限り、15分３２４０円のお試しコースをプランに加えました。多様なメニューをそろえることで、初心者でも楽しめる店を目指したのです。

狙いは当たり、飛行機マニアだけではなく、親子やカップルなどさまざまな方が来るようになりました。年齢層は幅広く、女性もいます。北海道や石垣島から定期的に来る方もいますし、最近は韓国や台湾から外国人旅行者が訪れることもあります。操縦は初めてでも、わたしやスタッフがアシストするので大丈夫です。そして、このほかに3割を占める意外な客層があります。

**——それは誰ですか。**

現役のパイロットや航空関係の学校の生徒です。パイロットなら自分の会社で練習すればいいのにと疑問に思うかもしれません。実は、パイロットが勤務先のシミュレーターを使える時間は限られています。格安航空会社の場合は、他社の機械を借りて訓練することが多く、練習時間は夜中になるケースもあるとのこと。そのため、仕事の行き帰りに自主練習をしたいと考えるパイロットにはうってつけだったようです。羽田という立地は、プロの集客にもつながりました。

一般の方の多くは平日の夜や土日に来店します。一方、外国人旅行者や就業時間が不規則なパイロットは、平日の昼間を中心に訪れます。おかげで予約をならせるようになりました。1カ月の来客数は延べ200人以上、会員数は900人を超えました。今では1カ月先でも予約をとるのが難しい状況です。シミュレーターは修理代や電気代などの維持費が相当かかりますが、3機体制を維持することができています。

## 本物により近く

### ――他社の参入はないのですか。

最近は、都内や関西などに類似の施設ができています。それでも、予約はむしろ増えています。ある常連の方は、たんなる娯楽施設にはない本格的な設備やプログラムが当店の魅力だと語ってくれました。しっかりとした技術指導を求めるお客さまのニーズもとらえているからでしょう。当店は、操縦を体験できるだけではなく、プロが練習できる場でもあるのです。

当店のメニューの一つに、飛行機マニアに人気の「ファーストオフィサーコース」があります。当店で訓練を重ねて副操縦士や機長を目指す、「本気で遊ぶ」をコンセプトとした独自の試験制度です。もちろん公的ライセンスではありませんが、中身は本格的です。学習要領は航空会社のカリキュラムに近づけたもので、副操縦士になるには11課程、機長になるには20課程をクリアする必要があります。継続訓練が欠かせないので、月1回の受講を義務づけています。

さらに、試験では、操縦の習熟度合いだけではなく、アクシデントに冷静に対応できるかといった精神面も評価します。前職でドライバーの教官をしていたので、見るべきポイントは心得ています。例えば、操縦桿を握った途端に落ち着きがなくなる人は合格させません。本物さながらの厳しいカリキュラムで、合格した人は、副操縦士が2人、機長はまだ1人もいません。不合格になっても最初から受講し直す人もいて、常に30人前後が挑戦しています。最終試験前の追い込みといって、週3日のペースで通うつわものもいます。

待合室にはファーストクラスの客席

**――操縦や航空業界に精通していなければできないサービスですね。**

わたしはシミュレーターを毎日扱っていますし、元パイロットであるスタッフの知識や経験については言うまでもありません。何より、このサービスを支えているのはお客さまです。常連の方には、現役パイロットや飛行機マニアが大勢います。そうした方々が定期的に来店するので、世界中の飛行機や航空会社の情報を蓄積、更新できるのです。彼らにとっても、当店は肩書きや会社の垣根を越えた交流の場になっているようです。

ファーストオフィサーコースは、当店が蓄積した情報の集大成といえるでしょう。航空会社の本物の試験では、学習要領に記されない項目も見て総合的に評価しているといいます。現役パイロットであるお客さまの体験談を基に、荒天時の着陸直後に一瞬気を抜いたら減点するといったこともして、本物の試験と変わらない緊張感と達成感が味わえる趣向にしています。生の情報に基づいているからこそ、挑戦者も気合いが入るというものです。

開業から6年が経ちました。今でも、コックピットに入った瞬間に目を輝かせるお客さまに出会うたびに、この仕事を始めてよかったと嬉しくなります。これからも、一人でも多くの方を楽しい空の旅へとご案内したいと思っています。

## 取材メモ

同社のような装置産業の場合、稼働率の安定が鍵となる。岸田さんは、二つの方法でそれを成し遂げている。一つは、会員制度やポイント制度だ。会員限定の特典や、獲得ポイントに応じた割引の仕組みを用意することで、顧客の定着化を図っている。もう一つは、多様なプランを用意して客層を広げていることだ。これにより、偏りがちな来店の曜日や時間帯の平準化を果たした。羽田上空を旋回する15分のお試しフライトは、間口を広げるだけではなく、予約時間の隙間を埋める効果もある。

同社の従業者1人当たり売上高は2386万円と、当研究所「小企業の経営指標・2015年度調査」による娯楽業の平均1517万円を上回る。2018年には正社員を1人採用するなど規模も拡大した。岸田さんの夢を乗せて飛び立った同社は今、たくさんの人の夢を乗せてさらなる高みへ機首を向けている。

（桑本 香梨）

# 事例11 車好きの心をくすぐり続ける独自のサービス

㈱ ルーフコーポレーション
代表取締役
**片岡 孝裕**

〈企業プロフィール〉

［代 表 者］ 片岡 孝裕（かたおか たかひろ）
［事業内容］ 自動車の販売、アフターサービス
［創　　業］ 2005年
［資 本 金］ 1,000万円
［従業者数］ 20人
［所 在 地］ 愛知県名古屋市緑区大根山2－503
［電話番号］ 052(693)9805
［U R L］ http://www.ruf-gt.co.jp

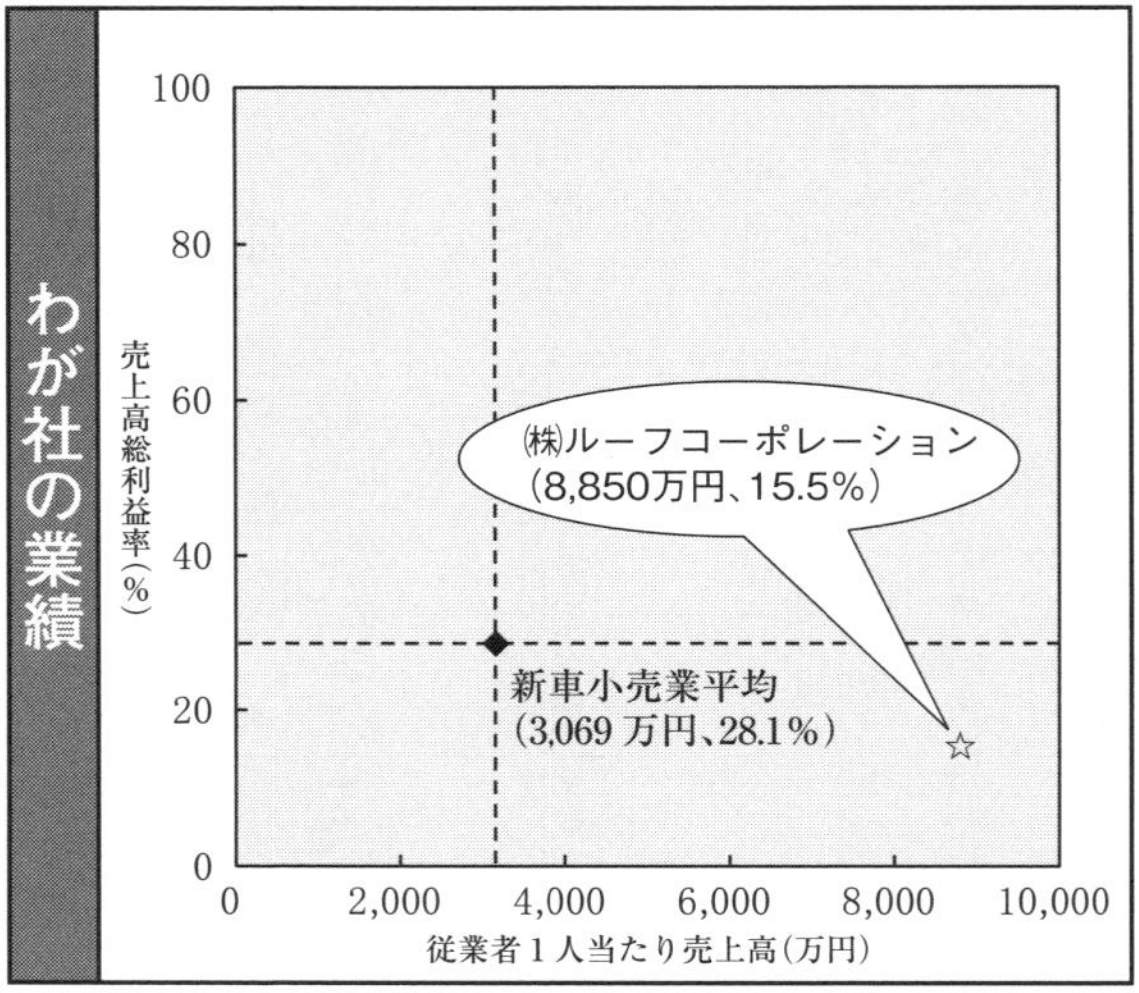

# 車をもっと格好良く

**——事業について教えてください。**

当社は乗用車のカスタマイズ、つまり改造を行っています。改造と聞くと、イメージが良くないかもしれませんが、当社のサービスは車検の範囲内で行います。そのなかで、格好良さと乗り心地の良さを追求しているのです。

売り上げの柱は二つあり、一つはコンプリートカーの販売です。あらかじめ顧客の要望を聞き、当社が新車を調達、カスタマイズを施したうえで提供します。もう一つは、お客さまが保有する車をカスタマイズするサービスです。

ベースとなる車は自動車メーカー各社のスポーツカーからエコカーまで幅広くそろえています。部品も純正品に加え、部品専門メーカーの商品、そして当社オリジナル商品から選ぶことができます。

車のカスタマイズは、車の購入後に部品を付け足していくのが一般的です。普段乗る車ですから、ずっと工場に置いておくことはできません。カスタマイズは部分ごとに分けて行うため、理想の1台が完成するまでにはかなりの時間がかかります。部品代や加工賃が毎回発生するので、費用も膨らみます。他方、コンプリートカーであれば、この心配はありません。

**――どうしてですか。**

当社では、車や部品を大量発注したり、塗装や整備を内製化したりすることで、手頃な価格を実現しているからです。

仮に、ディーラーで新車を250万円で購入し、部品と加工に100万円かけた場合、総額は350万円になります。車種や部品によって多少変動しますが、当社は同じ車と部品を用いたコンプリートカーを300万円程度で提供できます。しかも、諸費用を含めた総額でローンも組めるので、無理のない支出で乗り出せます。カスタマイズの時間と費用を減らしながら理想の1台を手に入れられるサービスといえるでしょう。

カスタマイズした車

## ——いち早くエコカーに注目したそうですね。

今やエコカーのカスタマイズに対応する店は多いのですが、当社はその先駆けといわれています。当社は20～30歳代の若者をターゲットにした中古スポーツカーの販売店として、2005年に創業しました。

当初は順調でしたが、徐々に売り上げが伸び悩むようになります。ガソリン価格の上昇が続き、燃費の悪いスポーツカーは敬遠されるようになったからです。そこで、燃費の良さから急速に販売台数を伸ばしていたエコカーに目を付けました。2012年のことです。当時、エコカーをカスタマイズする同業者はいませんでした。スポーツカー向けの部品をそのまま取り付ければ車体は重くなり、燃費が悪くなるため、カスタマイズの需要はないと考えられていたのです。

テストを繰り返して燃費への影響が少ない部品を厳選し、エコカーに取り付けて売り出したところ、自動車雑誌で何度も取り上げられました。さっそく注文が舞い込んで驚いたのは、40歳代以上の方のニーズが強いことです。

話を聞くと、若い頃はスポーツカーの改造に熱中したが、家庭をもったことをきっかけにカスタマイズをやめてしまった人たちでした。家族全員で乗れることや燃費を考えてエコカーを選んだものの、カスタマイズの前例がなく、市販の状態のまま我慢していたというのです。こうした需要は想像以上にあり、販売を始めた2012年の売り上げは前年の約3倍、9億8000万円まで伸びました。

**――当時、エコカー向けの部品は少なかったのですよね。注文の増加にどのように対応したのですか。**

他車向けの部品を代用していましたが、精度が悪いために部品と車体のフィッティングが合わないことがよくあります。そのため、部品を車体に合わせて削らなければなりませんでした。また、既存の部品に物足りなさを感じているお客さまもいました。

そこで、「KUHL RACING」という自社ブランドを立ち上げ、エアロパーツの販売を開始しました。エアロパーツとは車体の前面やドアの下部などに取り付け、空気抵抗を低減させることで走行の安定性を高める部品です。また、車を格好良くみせるための装飾品として取り付ける方も多いです。

部品の設計は当社で行い、製造は外部のメーカーに委託しました。フィッティング技術に優れた外注先を選択し、車両にきっちりフィットする生産型を製作してもらい、商品を納品してもらっています。自社で削る加工作業がなくなったおかげで納期が短縮し、サービスが向上しました。作業の効率化で利幅が改善する効果もありました。

## 顧客同士がつながるサービス

**――競合相手が多い業界ですよね。**

自動車販売店は全国に10万店以上あり、そのなかから選ばれる店にならなければなりません。そこで知名度をいっそう高めるため、日頃から付き合いのあった塗装業者や部品メーカーとチームを組み、日本最大規模を誇る改造車の展示会「東京オートサロン２０１３」に出展しました。

おかげさまで、初出展ながらエコカー部門の最優秀賞を獲得できました。２０１５年には全参加車中の最優秀賞に当たる総合グランプリにも輝きました。このときに最も評価されたのは、チームを組んだ塗装業者「ＡＲＴＩＳ《アルティス》」のエングレービングとシルバーメタル塗装でした。

エングレービングとは、電動彫刻刀で車体の表面に微細な模様を彫る加工です。その上にシルバーメタルの塗料を塗って、光沢のある銀色に仕上げます。一般的に、車体に光沢をもたせる場合、ラッピングフィルムというシールを貼り付けます。フィルムは紫外線で少しずつ変色、色落ちしていくので、3年程度で貼り替えなければなりませんが、シルバーメタル塗装は3年程度では劣化しません。わたしたちにしかできないこのカスタマイズを施した車体はまさに芸術品だと称賛され、展示会は大いに沸きました。

相次ぐ受賞で知名度が高まり、北は北海道、南は沖縄県まで、全国から注文が入るようになりました。さらには、車を販売した後も、カスタマイズのプロである当社のスタッフに相談したいと、遠方からわざわざ当社を訪ねてくるお客さまが多くいます。

せっかくなので、当社とのつながりだけではな

エングレービングとシルバーメタル塗装

く、お客さま同士がつながる場があれば面白いと考えました。そこで、2013年から新たな企画を始めました。

**——どのような企画ですか。**

鈴鹿ツインサーキットで開催する「KUHLミーティング」というイベントです。愛車でサーキットを走る企画や、スポーツカーの助手席に乗ってプロドライバーのドリフトを体験する試乗会を行っています。新商品の販売や取り付けもしています。締めくくりでは、参加者同士がバーベキューをしながら愛車について語り合います。カスタマイズの話は尽きません。イベントには全国各地から300人以上が集まり、駐車場には個性的な車が所狭しと並びます。

こうしたサービスも行うことで、当社のファンが増えているのです。また、お客さま同士

KUHL ミーティングに集まった車

がつながったことで、お互いにカスタマイズへの情熱を刺激し合っているようです。それによって部品の交換頻度が高まったり、友人に当社を紹介してくれたりと、業績にプラスの効果が出ています。

## ――スタッフの質も重要なポイントになりそうです。

商品知識が豊富なお客さま一人ひとりに理想の1台を納めるためには、優秀な人材が不可欠です。技術スタッフは、日々の仕事や展示会への出展を繰り返すなかで少しずつ腕を磨いてきました。また、展示会でチームを組んだ各社と協力することで、技術力を高めてきました。例えば、先ほどのエングレービングとシルバーメタル塗装はカスタムペインターの井澤孝彦さんにしかできない技術でしたが、ともに働くことでその技術を習得しています。

井澤さんをはじめとする優秀な技術者と働く機会は貴重です。一流の技術者からも学べることに魅力を感じて、やる気のある技術スタッフが集まるようになりました。

営業スタッフに関しては、他社で実績をあげている人をスカウトしています。また、日頃から営業スタッフ同士でロールプレイングをしたり、新商品についての勉強会を開催したりすることで、接客のレベルを高めています。

# さらなる成長に向けて

## ——海外にも進出しているそうですね。

当社は今後7年以内に、売り上げを100億円にまで高める目標を掲げ、そのうちの3割は海外で稼ぐことを目指しています。そこで、2015年から米国を皮切りに、アジアや中東などの展示会に出展しています。日本のカスタマイズは独自の進化を遂げており、海外では斬新に映るようです。特にアラブ首長国連邦では反響が大きく、現地の新聞に当社の車が紹介されるほどでした。

そこで、2017年からドバイにショールームを設け、コンプリートカーを販売しています。カスタマイズした日本車を販売しているのは当社くらいでしょう。また、ショールームで日本の伝統工芸品や着物も販売しています。日本に興味のある人が来店するようになり、少しずつ客数は増えています。

また、日産自動車の現地法人である中東日産会社と業務提携をしました。アブダビでの展示会に出展した車に装備していた当社のエアロパーツが、純正部品として採用されたのです。純正部品となれば利用者は格段に増えますから、当社のサービスが海外でも高く評価されていることが伝わり、今後さらに販売が増えていくと予想しています。

## ——片岡さんの車への情熱が伝わってきました。

わたしは若い頃から車のカスタマイズに熱中しており、サーキットでのレースに出場できるＪＡＦライセンスを取得するほどの車好きです。車への情熱は年々高まるばかりで、いつかはこれをライフワークにしたいと思っていました。その結晶ともいえるのが、当社のサービスです。

カスタマイズは奥が深く、その面白さは尽きません。カスタマイズ次第では車を芸術品の領域にまで高めることもできます。この楽しさを国内だけでなく、海外の人にも伝えていきたいと考えています。世界中の至るところで当社の車が走る日を夢見て、これからもアクセル全開で進んでいきます。

## 取材メモ

当研究所「小企業の経営指標・2015年度調査」における新車小売業の従業者1人当たり売上高は3069万円であるが、片岡さんの会社ではこの指標が8850万円と、業界平均の約3倍に上る。

同社の生産性が高いのはなぜか。ポイントは客単価を引き上げる戦略にある。通常、新車の価格は自動車メーカーによって決められている。グレードの違いやオプションの有無はあるものの、価格のバリエーションは限られる。一方、同社では客の望みに合わせて無段階で価値を上乗せできる。それでも、パーツを後付けするより割安である分、客の納得感は高い。

そしてもう一つ、同社には客単価を引き上げる仕掛けがある。客同士の交流を促すイベントだ。ほかのオーナーの車を見て、次の購買意欲がかき立てられる。1回の取引だけではなく、生涯を通じた複数回の取引における累積の客単価をも高めているのである。

同社は、憧れや喜びといった情緒的要素を、論理的かつ戦略的に価値に結びつけた好例といえよう。

（鈴木　啓吾）

事例12
# たいやきの常識を打ち破る

㈲わらしべ
代表取締役
福田　圭

〈企業プロフィール〉

| | |
|---|---|
| ［代表者］ | 福田　圭（ふくだ かつら） |
| ［事業内容］ | たいやき店、フランチャイズ店の管理運営 |
| ［創　業］ | 1982年 |
| ［資本金］ | 500万円 |
| ［従業者数］ | 18人（うちパート8人） |
| ［所在地］ | 三重県伊勢市小俣町宮前736－1 |
| ［電話番号］ | 0596(24)0648 |
| ［ＵＲＬ］ | http://taiyaki-warashibe.com |

わが社の業績

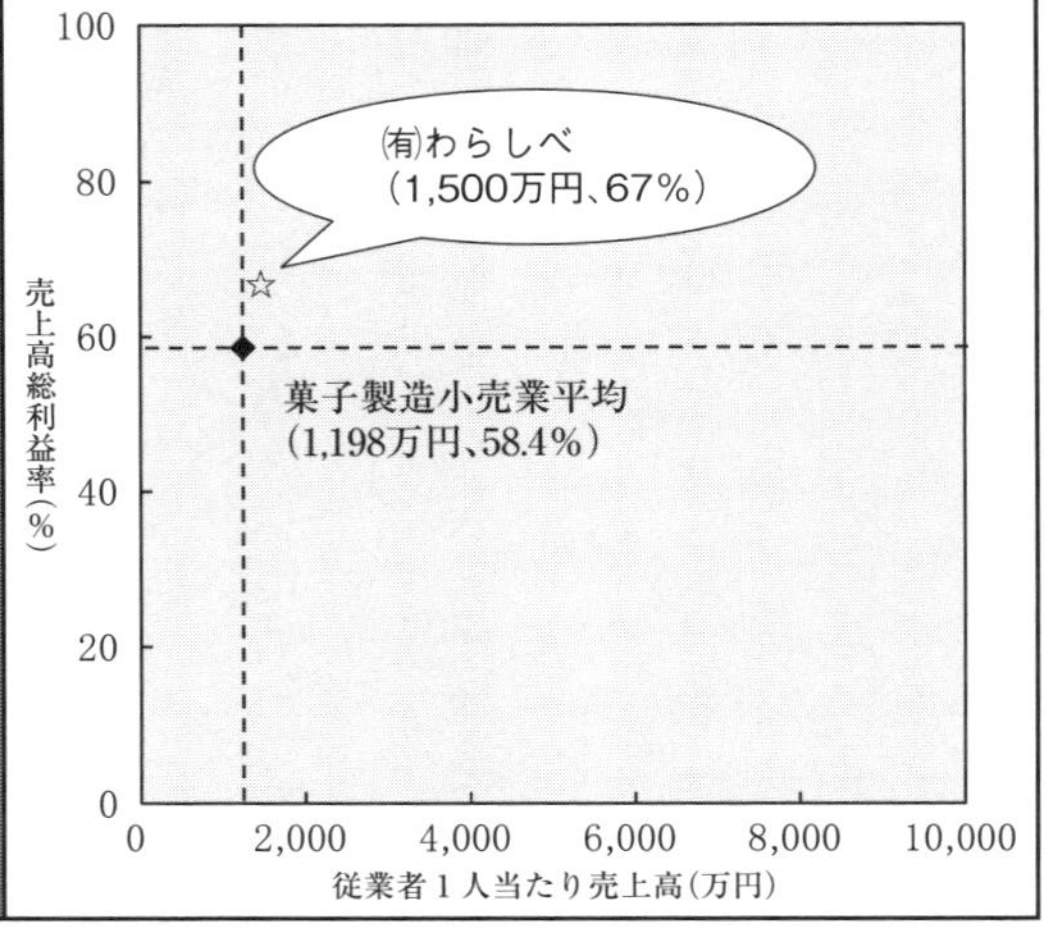


（注）従業者１人当たり売上高は、パート・アルバイトの人数を除いて算出している。

# 持ち帰ってもおいしいたいやき

**――以前は自動車部品メーカーだったそうですね。**

当社は２００９年まで自動車用ベアリングの製造工場でした。ベアリングは、エンジンやタイヤ、ハンドルなどに使われる金属部品です。難度の高い注文にもすぐ応じられる生産体制が取引先に評価され、創業以来、順調に事業を拡大してきました。

しかし、２００８年のリーマン・ショックを境に取引先の経営が傾くと、受注は激減し、当社は倒産寸前まで追い込まれてしまいました。このとき、先代社長の父は、たいやき店を開店して業績の落ち込みをカバーできないかと考えはじめたそうです。

**――なぜたいやきだったのですか。**

父の好物だったからです。よく食べ歩きをしていました。従業員への差し入れでたいやきを買ってくることもしばしばでしたが、不満が二つあったそうです。

一つは、待ち時間です。10枚20枚とまとめ買いすると、焼き上がりまで相当な時間がかかります。急な大量注文に対応できる店がなかったのです。まとめ買いする顧客はそう多くないのでそれでもよいのでしょうが、24時間365日注文に応じられる生産体制を敷いていた父からすると、もどかしく感じられたそうです。

忙しく仕事をこなす従業員においしいたいやきを食べさせたい。そう考えた父は、鉄板に独自の加工を施して、ベアリング製造の仕事をしながらでも大量のたいやきをつくれる器具を開発してしまいました。

それが、自動焼成《しょうせい》タイマーシステムです。各鉄板に固有の音を設定したタイマーを内蔵して、順に焼き上がりを知らせる仕組みになっています。焼き上がりまで鉄板につきっきりになる必要がないところがポイントです。その後当社フランチャイズ全店で導入することとなるこの器具は、今でも、効率よく大量のたいやきをすぐに提供するうえで欠かせない、当社の強みとなっています。

**――もう一つの不満は何ですか。**

持ち帰ったたいやきです。店頭で焼きたてを買っても、帰って食べるころには冷めて硬くなってしまいます。温め直しても焼きたてにはかないません。たいやきは買ってその場で食べることを想定した商品だったわけです。

この不満は、生地を自作することで解決しました。カギとなったのは三重県産の小麦、あやひかりです。でんぷんの構成成分の一つであるアミロースの割合が低いため、生地に粘り気がでて、冷めても硬くなりにくい点に着目しました。うどんの原料に使われることが多いのですが、地元の製粉所と直接交渉して、特別にたい焼き用の粉をひいてもらったのです。これにコンスターチやベーキングパウダーなどを混ぜ合わせた生地の素は焼いた後も硬くなりにくく、かむほどに甘味が広がります。

父がつくったたいやきは従業員に好評で、家に持ち帰る人もいました。もしかしたら、これは商売になるかもしれない。そう考えた父はこの器具と生地を武器に、持ち帰ってもおいしいことを前面に出したたいやき店を始める決断をしたのです。

1号店は伊勢自動車道の玉城インターの近く、大型バスが停車できるロードサイドに出店

1号店の外観

することにしました。伊勢参りをすませて帰る観光ツアー客などがターゲットです。２００９年にオープンすると、狙いどおりに土産やおやつの需要をつかむことができました。１日の平均来店客数は１００人を超え、１０００枚を売り上げる日もありました。１人当たりの購入枚数は、その場で食べるなら多くても2枚ですが、当店では平均5枚を超えています。

## 強みを最大限に生かしたフランチャイズ展開

### ――本業のベアリング製造はどうされたのですか。

たいやき店に専念するため、2号店を出店して半年後の２０１２年5月に完全撤退しました。一部の従業員からは反発もありました。会社の存続のためとはいえ、たいやきとベアリングではまったく違いますから無理もありません。断腸の思いでしたが、ベアリング製造を続けたい人は同業他社に転籍できるようにサポートして送り出しました。結果として、当時40人いた従業員は半分になってしまいました。

残ってくれた従業員に報いるためにも、何としてもたいやき店を成功させなければなりません。限られたマンパワーで当社の事業を拡大する手段として、フランチャイズ展開を図ることにしました。

**——たいやきを扱う他社のフランチャイズ店との違いはありますか。**

当社独自の器具と生地の素を使えることはもちろんですが、ビジネスモデルにも違いがあります。

他のチェーンを調べると、加盟店の初期投資額を抑え、開店後のロイヤルティーで収益をあげるビジネスモデルが多いことに気づきました。小さなスペースで始められるたいやき店は少ない資金で独立開業しやすい業態だったのです。

一方、当社のたいやき店は、ロードサイドなどに大きな店を構えても十分に採算が合う、大量生産、大量販売が特徴です。器具も自社で開発する大型のものなので、初期投資額は大きくなります。

例えば、厨房器具として総額で１７０万円、研修費として20万円がかかります。そのほか、加盟金や保証金、店舗工事費などを含めた初期投資額はおよそ６００万円です。３００万円以下で出店できるフランチャイズもあるなかでは高めの設定かもしれません。

**――初期費用が大きいと、加盟後に投資した分を回収できるのか不安になるオーナーもいそうです。**

不安を取り除くためにわかりやすい情報をどんどん発信するよう努めています。申込以降のスケジュールなどを示し、開店までのイメージをつかめるようにしています。さらに、モデルとなる店の1日当たりの来客数や月別の売り上げ、営業利益の推移などをホームページで公開しています。

出店前の研修も充実させました。2週間ほどで出店できるフランチャイズもありますが、出店後の運営に不安が残っては意味がありません。そこで当社では、約2カ月かけて実務研修を行います。独自の厨房器具の使い方や仕込みの方法はもちろん、店舗運営に関するノウハウを1号店に勤務しながら習得できるカリキュラムです。研修後は、注文や調理の流れ、注意点などを集約したマニュアルで復習してもらいます。

出店までの手軽さは、裏を返せば競合の多さにつながります。加盟希望者の真の目的は開業することではなく、勝ち抜くことです。高額に思える器具、店舗などの費用はそのために必要な投資なのです。研修などのサポートも同様です。手軽さの代わりに、当社は手厚さで勝負しようと考えました。

# 独自の進化を遂げるサービス

## ──開店後のロイヤルティーはどうなりますか。

一般に、定額をいただく方法と定率でいただく方法がありますが、当社は後者です。たいやきの売り上げは気温が高いと落ち込むため、定額制だと夏場に加盟店の収益を圧迫してしまうからです。

ただし、定率制といっても、ロイヤルティーをかける対象が他社とは違います。多くの場合は売り上げ全体に対してロイヤルティーをかけますが、当社は加盟店に卸す生地の素にしかロイヤルティーをかけていません。

## ──生地の素にロイヤルティーを盛り込むのはなぜですか。

加盟店の独自性を引き出す仕掛けになるからです。

具体的に説明しましょう。当社ではつぶあんなど全店共通のメニュー以外に、店ごとに考案した具材を使ったたいやきの販売を奨励しています。ネギ味噌やきんぴらといった、惣菜として楽しめる商品もあります。独自メニューは各店で試作し、商品化の可否と価格設定は当社と相談してもらいます。

ここで、ロイヤルティーが生きてきます。生地の素以外の具材にはロイヤルティーがかからないので、高付加価値の商品を開発できれば、それによって得られた利益は、そのまま加盟店のものになります。工夫の余地を残し、加盟店のやる気を引き出そうと考えました。

独自メニューを推進するきっかけになったのが、あんなしたいやきです。生地の食感を存分に味わいたいとお客さまから要望があり、中身を抜いたたいやきを売り出したところ、人気商品になったのです。この経験からお客さまの声を取り入れた商品づくりの大切さを学びました。

フランチャイズというと画一的なサービスを想像する方が多いでしょうが、それでは飽きられて

あんなしたいやき

しまいます。独自性を促す仕組みによって、どこでも同じ味という安定感に、店ごとの個性を加えることができました。常連客のなかには、独自メニューを目当てに各店を巡る人もいます。

また、加盟店同士の連携も進んでいます。ある店で評判になった独自メニューは、レシピを共有して他店でも販売しています。加盟店から、自店の利益だけでなく、わらしべブランド全体の付加価値向上につなげてほしいと提案があり、レシピの共有が実現しました。

最近では、各店の新商品発売のお知らせや地域の祭への出店スケジュールを全店で共有して、SNSやホームページなどでお客さまに発信しています。

## ──成果はいかがですか。

2013年にフランチャイズ事業を始めてから3年間で、三重県と愛知県、岐阜県などに15店を出店することができました。現在、全店が順調に売り上げを伸ばし、黒字を維持しています。

こうした成果が、加盟希望者の増加にもつながっています。現在、加盟店からの収入と直営店の売り上げを合わせると、当社の年商は1億5000万円を突破しています。

２０１５年には、冷凍たいやきの販売を始めました。２０１６年からは当社のサイトでも販売しています。2時間ほど自然解凍してからトースターで3分間加熱すると、わらしべの味を再現できます。ネット販売により遠方のお客さまにも当社の商品を楽しんでもらえるようになりました。

実はこの商品、自然解凍せずにトースターで3分間温めると、中身は半解凍のまま、皮がパリッとした最中アイスのような食感になります。これを「ひえひえたいやき」と名づけ、夏期限定で店頭販売することにしました。うまくいけば夏場の売り上げの底上げにつながると期待しています。新たな食べ方の提案など、たいやきを通じた当社のサービスにはできることがまだまだあります。

父の趣味から始まったたいやきづくりは、専門店の出店、フランチャイズ展開、ネット販売へと広がっています。その立役者である父は、２０１６年に他界しました。自作のたいやきを食べる人の笑顔が、何より好きだった父から受け継いだバトンをしっかりと握り、当社はこれからもみなさんにおいしいたいやきを届けていきます。

## 取材メモ

焼きたてがおいしいといわれるたいやき店は、生産と消費の同時性が高いビジネスモデルだった。同社はそこに着目した。大量生産できる器具と冷めても硬くならない生地によってその壁を乗り越え、持ち帰ってもおいしいという新たな付加価値を生み出したのである。

さらに、大量生産、販売という自社の強みを生かすフランチャイズ展開を模索し、サービスを拡大させた。ともすれば画一的になりがちなサービスに各店の個性を加えて進化させた点も、付加価値の向上につながっている。

その成果は数字に表れている。当研究所「小企業の経営指標・2015年度調査」によると、菓子小売業の売上高総利益率は平均58・4%のところ、同社では67%を超えている。代替わり後も、福田圭さんは新たなサービスの拡大に余念がない。たいやきに込めた福田さん親子の情熱は、まだまだ冷めることがなさそうだ。

（長沼 大海）

事例研究　小さな企業の高付加価値化戦略

サービス産業の革命児たち

―低生産性の呪縛に打ち克つ―

2018年7月13日　発行（禁無断転載）

編　者　©日本政策金融公庫
総合研究所

発行者　脇　坂　康　弘

発行所　株式会社 同 友 館

〒113-0033 東京都文京区本郷3-38-1
本 郷 信 徳 ビ ル 3F
電話　03(3813)3966
FAX　03(3818)2774
http://www.doyukan.co.jp/
ISBN 978-4-496-05364-1

落丁・乱丁本はお取替えいたします。